もくじ

Python の使用について

本文 p.61 に, Python でプログラムを入力して動作を確認する実習を掲載しています。
Google Colaboratory で Python を利用する…　　　　　　　　　　　があり
ます（アカウントがなければ, 無料で作成する…

Colaboratory の URL を開き, 右上の「ログイン」ボタンを押してログインします。

https://colab.research.google.com/

JN109072

ファイルタブのノートブックを新規作成をクリックする。

プログラムに名前をつける。

ここにプログラムを入力する。

つぎのプログラム（コード）を入力する場所を追加する。

実行結果は, 下に表示される。

ここ●をクリックすると, 入力したプログラムを実行する。

program1

第1節　情報の活用

教科書p.14〜21

1　情報とメディア

1　情報とその役割

- ●データ　いろいろな事実や事がらを，数字・文字・記号などであらわしたもの。
- ●情報　　データを解釈して，人間にとって意味や価値をもたせたもの。
  - ➡情報は，意思決定や判断の助けになる。

2　メディアとその特性

情報そのものには，形がない。

情報の表現，伝達，記録などに使われるものを，メディア(媒体)という。

3　情報の収集

情報収集の手段には，テレビ，ラジオ，新聞をはじめとして，さまざまなものがある。インターネットを利用した情報収集の手段については，次のようなものがある。

- ●Webページ閲覧　自治体や新聞社などの公式サイトのWebページからは，有用な情報が得られる。個人のWebページにも有用な情報は多いが，情報の信憑性の確認が難しい。
- ●無料通話アプリ　親しい人や知り合いの間で有効。
- ●短文投稿サイト　非公開設定でなければ，誰もが閲覧・検索可能。

4　情報の整理と分析

情報にもとづいて意思決定や判断をおこなうとき，その情報が間違っていたりデマが含まれていたりすると，そこから導かれる結論も間違ったものになる。

- ●デマ　事実でないことを意図的に広めること。
- ●メディアリテラシー　たくさんの情報の中から重要なものを見つけたり，情報の真偽を見抜き適切に活用することができる能力。

5　情報の発信

不特定多数への情報発信は…

- ●インターネットが普及する前　マスメディアに関連する一部の人びとが担っていた。
- ●現在　誰でも簡単に発信ができる。
  - ➡個人でもマスメディアと同じような責任と影響力をもつ。受け手がどのように理解し，判断するか，よく考えておこなう。

6　情報の活用と問題解決

- ●問題　　「現状」と「理想(あるべき状態)」とのギャップ。
- ●問題解決　現状を理想に近づけること。

7　「情報」を学ぶにあたって

健全な社会生活を営むためには，情報モラルのたいせつさを理解する必要がある。

2 情報の検索と活用

1 情報の検索
さまざまな情報の中から，必要としている情報を見つけ出すことを情報検索という。
- **検索サイト** Web ページという形で発信されている情報を効率よく収集するしくみを提供しているサイト。
- **キーワード検索** 知りたい情報に関する語句（キーワード，検索フレーズ）を入力すると，その語句を含んでいる Web ページの一覧が表示されるもの。

2 情報の絞り込み
複数のキーワードを組み合わせて条件を厳密にすることで，情報を見つけやすくするのが，絞り込み検索である。
A と B の 2 つのキーワードを組み合わせた検索には，次のようなものがある。
- **AND 検索** （A AND B） A と B のどちらをも含む。
- **OR 検索** （A OR B） A か B かいずれかを含む。
- **NOT 検索** （A NOT B） A を含むが B を含まない。

3 情報の活用
ほしい商品やサービスを購入する前に，インターネットを活用して情報を収集する人が多い。

4 情報の共有
- **コミュニケーションの共有** SNS を利用すれば，現実に会うことは難しい人とも日常的につながりをもてる。その一方で，SNS のやり取りによる SNS 疲れという問題も生じている。
- **写真の共有** クラウドストレージの利用が一般的になった。
- **スケジュールの共有** Web サービスを利用すれば，グループでスケジュールを共有でき，予定の調整もおこないやすくなる。

チェック 次の各文が正しい場合には○，誤っている場合には×を答えなさい。 （⇨解答 p.4）

( ) ① いろいろな事がらについて，ことばでなく数値であらわしたものをデータという。
( ) ② 情報は，意思決定や適切な判断の助けになる。
( ) ③ 情報を表現したり伝達・記録に使われるものをメディアという。
( ) ④ テレビ・ラジオ・新聞・雑誌などはマスメディアとよばれる。
( ) ⑤ 災害時，携帯電話は持ち運べて移動中でも通話できるしメールも使えるので，短所はない。
( ) ⑥ インターネットで世界に公開されているので，どの Web ページも信憑性は高い。
( ) ⑦ 複数のメディアの情報を比較すると，内容が異なっていることもあるので，1つのメディアに絞って信用するのがよい。
( ) ⑧ 「現状」と「未来」とのギャップを解消することを問題解決という。
( ) ⑨ 短文投稿サイトの特徴を活かせば，災害時の現地の情報をリアルタイムで知ることができる。
( ) ⑩ 発信した情報の内容によっては，人の心を傷つけることもあるので，発信する前には十分に注意する。
( ) ⑪ 情報社会においてお互いが守るべきルールを決めた法律を情報モラルという。
( ) ⑫ インターネット上のデマは，悪意をもたない人が拡散させることもある。

1 情報とメディア

教科書 p.14〜17

1 次の文の(1)〜(4)の空欄にあてはまる適切な語句を，後の語群から選んで書きなさい。

いろいろな事実や事がらを，数字・文字・記号などであらわしたものを（　1　），それを解釈して人間にとって意味や価値をもたせたものを（　2　）とよぶ。それが（　3　）や適切な判断の助けになるという点に価値がある。情報そのものには，形はない。デジタル化された情報は，簡単に複製できるため，容易に伝播し，消すことができない。情報の表現や伝達，記録などに使われるものを（　4　）（媒体）という。

Memo
情報は，それそのものに価値があるだけではない。

語群	情報	記録	意思決定	自己責任	データ	メディア
(1)				(2)		
(3)				(4)		

2 情報収集の手段としては，テレビ，ラジオ，新聞，FAX などのほかに，インターネットを利用した Web ページ，無料通話アプリ，短文投稿サイトなど，さまざまなものが使われる。このことについて，次の(1)〜(4)の文の内容が正しい場合には〇を，誤っている場合には×を書きなさい。

(1)自治体や新聞社などの公式サイトの Web ページからは，有用な情報が得られる。個人の Web ページにも有用な情報は多く，情報の信憑性も高い。

(2)無料通話アプリは，親しい人や知り合いの安否を確認するのに有効である。

(3)短文投稿サイトで，非公開設定がされていないアカウントであれば，誰でも簡単に短文投稿を閲覧・検索できる。

(4)短文投稿サイトは，災害時に現地で起きていることや役立つ情報をリアルタイムに知る目的には使えない。

ヒント
当初，短文投稿サイトでは，発言の後に「なう」と付け加えることが多かった。

(1)		(2)		(3)		(4)	

3 次の文の(1)〜(2)の空欄にあてはまる適切な語句を，後の語群から選んで書きなさい。

情報が間違っていたり根拠のないうわさや（　1　）がまぎれ込んでいたりすれば，導かれる結論も間違ったものになってしまう。たくさんの情報の中から重要なものを見つけたり，情報の真偽を見抜き適切に活用することができる能力をメディア（　2　）とよぶ。情報の真偽を判断するためには，つねに情報の発信元を確認したり，複数のメディアの情報を比較検討したりすることが重要である。

語群	カウンセラー	リテラシー	ポリシー	ギル	デマ
(1)		(2)			

2 情報の検索と活用

Memo
検索フレーズ1つだけではあてはまるものが多すぎるとき，2つ以上のフレーズを組み合わせて絞り込む。これが絞り込み検索である。

1 次の文の(1)〜(4)の空欄にあてはまる適切な語句を，後の語群から選んで書きなさい。

さまざまな情報の中から，必要としている情報を見つけ出すことを（　1　）という。インターネット上では，世界中の人びとによって多くの新しい情報がおもに Web ページという形で発信されている。そのため，目的の情報を効率よく収集できるように，（　2　）が広く利用されている。（　2　）では，知りたい情報に関する（　3　）を入力すると，その（　3　）を含んでいる Web ページの一覧が表示される。このような検索を（　4　）という。

語群 情報操作　情報検索　裏サイト　検索サイト　キーワード
　　　　データ　キーワード検索

(1)		(2)	
(3)		(4)	

2 次の文の(1)〜(2)の空欄にあてはまる適切な語句を，後の語群から選んで書きなさい。

人と人とのつながりを前提としたコミュニケーションの手段と場をインターネット上に提供しているサービスは，（　1　）とよばれている。つながった人どうしで撮影した写真を共有するときには，Web 上の（　2　）で共有するのが一般的になった。

語群 ISP　SNS　クラウドファンディング　クラウドストレージ

(1)		(2)	

実習問題

3 環境問題についての授業で，クリーンなエネルギー製造施設とされてきた「風力発電所」について調べることにした。検索サイトを使って，それぞれのWeb ページの数を調べなさい。

(1)「風力発電所」を含む Web ページの数
(2)「風力発電所」と「日本」の両方を含む Web ページの数
(3)「風力発電所」か「日本」のいずれか片方でも含む Web ページの数
(4)「風力発電所」を含み，「日本」を含まない Web ページの数

ヒント
(2)は AND 検索，(3)は OR 検索。
(4)は NOT 検索なので，半角の「-」（マイナス）記号を使用する。

(1)		(2)	
(3)		(4)	

第2節　個人の責任と情報モラル

教科書p.22〜33

1 情報セキュリティの重要性

1 情報セキュリティ

情報セキュリティ　情報を適切に管理し，安全に保つこと。

情報セキュリティの3要素

- 機密性　情報を許可されている人以外には与えないようにすること。
- 完全性　情報が改竄などされないように保全されていること。
- 可用性　情報が必要とされるときにいつでも利用できるようになっていること。

2 サイバー犯罪

不正アクセス禁止法違反，コンピュータ・電磁記録対象犯罪，ネットワーク利用犯罪の3つに分類できる。

- サイバー犯罪の特徴　証拠が残りにくく，匿名性が高い。時間・場所の制約がない。不特定多数の人に影響がおよびやすい。
- サイバーテロ　社会の基盤となるシステムに大規模な攻撃をおこなってトラブルを発生させ機能を停止させるなど，被害を与えること。

3 日常生活の中のセキュリティ侵害

- マルウェア　コンピュータに有害な動作をさせるソフトウェアのこと。
- ランサムウェア　マルウェアの1つ。感染したコンピュータ内のデータを暗号化し利用できなくする。
- パスワードや情報の悪用　パスワードがほかの人に知られると，機密性や完全性が保証されなくなる。

4 日常生活の中のセキュリティ対策

- 感染源への注意　電子メールの添付ファイル，USB メモリ，プログラム，Web ページなど。
- セキュリティアップデート　情報機器のセキュリティ上の欠陥を修正するために適用する。
- ウイルス対策ソフトウェア　ウイルスに感染していないかチェックしたり，無効化させたりする。
- 利用のルールを守る　組織に属する人がルールを守ることにより，快適に情報機器を利用できる。

2 情報モラル

1 情報モラルとは

- 情報モラル　情報社会で適正な活動をおこなうための，もとになる考え方と態度。
- 信憑性　その情報がどれくらい信用できるかということ。

2 情報機器とのつきあいかた

情報機器によって生活が広がり，さまざまな情報がマスメディアに頼らずとも入手できるようになった。

→各自が情報の真偽を確かめ，活用できるようになることが求められている。

情報機器を通じて提供されるサービスにおぼれてしまう人も増えている。

→ゲーム依存・動画などのコンテンツ依存・SNS から抜け出せない

3 SNS とのつきあいかた

SNS などを利用するときには，発信する情報に気をつけないと，トラブルに巻き込まれることになる。

- メッセージのやり取りにともなう問題　「既読」機能がもとで，トラブルにつながることがある。

- プロフィール欄の問題　写真を掲載すると悪意をもった人から声をかけられることがある。
- 誰が見ているかわからない問題　発言が想定外の人に伝わり，トラブルにつながる。
- 再投稿による拡散の問題　デマの拡散に手をかさないよう気をつける。
- 写真や動画の撮影に関する問題　ライブ配信では不用意な発言をしないように気をつける。
- 投稿したものがいつまでも残る問題　炎上した情報はまとめサイトなどに保存され，一生ついて回る。
  - ➡炎上　発言などがネットワーク上で多くの人から非難をあびて収拾がつかなくなること。

3 情報に関する法規や制度

1 知的財産権

知的活動を通じてつくり出され，それ自体で価値をもつもの(技術的アイデア，工業製品のデザイン，文学作品など)を知的財産といい，それにかかわる権利をいう。著作権，産業財産権がある。

2 産業財産権

産業財産権は，特許庁に出願し登録されることで権利が発生する。
➡特許権，実用新案権，意匠権，商標権がある。

3 著作権

著作物にかかわる権利を著作権といい，著作権法で保護される。
著作者(創作した人)が名誉や金銭的対価を得られるようになり，文化の発展につながる。
著作物に関係する権利には，著作者人格権，著作権(著作財産権)，著作隣接権がある。

4 著作物の利用

他人の著作物を使うときには，権利をもっている者から許諾を得る必要がある。
➡引用や図書館でのコピー，私的使用など，許諾が必要でない場合がある。また，著作者が許諾の意思表示をしている例として，クリエイティブ・コモンズやオープンソースがある。

5 不正アクセス禁止法

- 不正アクセス禁止法　他人のIDやパスワードを使用してネットワーク上の情報を得ること，本来の利用手法とは異なった方法でネットワークにつながったコンピュータに記録された情報を利用することなどが罰則の対象である。

6 個人情報保護法

- 個人情報　生存する個人に関する情報で，その情報に含まれる氏名などの記述などにより，ある個人を特定することができるもの。個人識別情報を含むものも個人情報である。
- 個人情報保護法　個人情報が本人の意思にかかわらず流通してプライバシーの侵害とならないよう制定された。
  - ➡個人情報を扱う団体が対象となっている(個人を取り締まるものではない)。
    法律で明文化されていないが保護されるものとして，肖像権やパブリシティ権がある。

チェック　次の各文が正しい場合には○，誤っている場合には×を答えなさい。　(⇨解答 p.8)

( )① 情報セキュリティの3要素とは，機密性・完全性・可能性である。
( )② サイバー犯罪は，不正アクセス禁止法違反，コンピュータ・電磁記録対象犯罪の2つに分類される。
( )③ コンピュータに有害な動作をさせるソフトウェアのことを，マルウェアという。
( )④ ある情報がどれくらい信用できるかということを，信憑性という。
( )⑤ ネットワークで発信した情報は，一定期間が過ぎれば自動的に消去され，残ることはない。
( )⑥ 著作権は，特許庁に登録することで生じる。
( )⑦ プライバシーを侵害した者は，個人情報保護法によって処罰される。
( )⑧ 肖像権の保護を明記した法律はない。

1 情報セキュリティの重要性

教科書 p.22〜25

1 情報セキュリティの内容について，次の(1)〜(3)の説明にあてはまる適切な語句を，後の語群から選んで書きなさい。

(1)情報を，許可されている人以外には与えないようにすること

(2)情報が，不当に変えられることなどがないように保全されていること

(3)情報が必要とされるときに，いつでも利用できるようになっていること

語群 完全性　機能性　機密性　可用性　積極性

(1)		(2)		(3)	

> **Memo**
> 情報セキュリティの3要素の違いについては，よく理解しておくとよい。

2 次の文の(1)〜(5)の空欄にあてはまる適切な語句を，後の語群から選んで書きなさい。

　サイバー犯罪は，日本ではおもに，（　1　）禁止法違反，コンピュータ・電磁記録対象犯罪，（　2　）利用犯罪の3つに分類されてきた。

　サイバー犯罪の特徴としては，証拠が残りにくく，（　3　）が高い・時間や場所の制約がない・（　4　）の人に影響がおよびやすい，などがある。

　社会の基盤となる情報システムなどに大規模な攻撃をおこない，さまざまなトラブルを発生させて大規模な被害を与えることを（　5　）という。

語群 ネットワーク　サイバーテロ　可能性　匿名性
　　　SNS　　USB　　不特定多数　　不正アクセス

(1)		(2)	
(3)		(4)	
(5)			

> **ヒント**
> 証拠がないと，誰がやったかわかりにくい。

3 日常生活におけるセキュリティ対策について，次の(1)〜(4)の文の内容が正しい場合には〇を，誤っている場合には×を書きなさい。

(1)知らない人からのメールに添付されたファイルを開くとマルウェアに感染することがある。

(2)マルウェアが感染する時間ができないよう，USBメモリは自動実行する設定にしておく。

(3)ウイルス対策ソフトウェアは，マルウェアの情報を含んだパターンファイルを参照して，感染が判明した場合に情報機器を自動で初期化してくれる。

(4)マルウェアの被害にあったときにそなえて，ふだんからデータのバックアップを取っておくのがよい。

(1)		(2)		(3)		(4)	

チェックの答 (p.7)　①×　②×　③〇　④〇　⑤×　⑥×　⑦×　⑧〇

4 次の文の(1)〜(4)の空欄にあてはまる適切な語句を，後の語群から選んで書きなさい。

ほかのソフトウェアにもぐり込み，そのソフトウェアが起動すると自分のコピーをほかのファイルなどに書き込んで広まるようなものを（　1　）という。単独のプログラムであり，自分のコピーをネットワークを通じてほかのシステムに送り込む形で広まるようなものは，（　2　）という。表向きは有用な機能を提供しつつ，裏では有害な動作をするものは，（　3　）という。マルウェアの1つで，コンピュータ内のデータを暗号化してしまうものを（　4　）という。

Memo
コンピュータウイルスとワームの違いに注意する。

Memo
暗号化とは，そのままでは内容がわからない状態にしてしまうこと。

語群 ワークシート　ランサムウェア　コンピュータウイルス
　　　　ワーム　クラウド　COVID　トロイの木馬　裏サイト

(1)		(2)	
(3)		(4)	

5 次の文の(1)〜(2)の空欄にあてはまる適切な語句を，後の語群から選んで書きなさい。

コンピュータを使ったり，ネットワーク上のサービスを利用するときには（　1　）とパスワードによる個人認証が必要なときがある。もし，ほかの人にパスワードが知られてしまうと，（　2　）や完全性が保証されなくなる。

語群 ユーザランク　ユーザID　機動性　機密性

(1)		(2)	

6 情報機器のセキュリティ上の欠陥が見つかったときに，それを修正するために適用するものは何ですか。カタカナ12文字で答えなさい。

ヒント
マルウェアを防ぐために，ウイルス対策ソフトウェアのバージョンアップをすることとの違いを区別する。

7 次の文の(1)〜(4)の空欄にあてはまる適切な語句を，後の語群から選んで書きなさい。

情報機器の利用にあたっては，学校・企業などの組織ごとに利用の（　1　）が設けられていることが多い。たとえば，情報機器を利用することのできる場所や（　2　），閲覧することのできる（　3　），本人確認のための（　4　）などである。（　1　）を守ることで，その組織に属する人が快適に情報機器を利用することができる。

語群 Webサイト　料金　ルール　時間　面接方法　認証方法

(1)		(2)	
(3)		(4)	

2 情報モラル

教科書 p.26〜29

1 日常生活でインターネットを利用するにあたって，次のような行動は望ましいだろうか。望ましい場合には○を，望ましくない場合には×を書きなさい。

(1) SNS で「ほかの高校にも友人がほしいので，直接メッセージをください」と自分の写真を載せている人があったので，メッセージを送信した。

(2) 自分で書いた詩を朗読したものを録音し，インターネット上で音声データとして公開した。

(3) SNS で「○○駅前で銀行強盗があって，その犯人が逃走中」という情報が写真つきで流れてきた。書かれていた犯人の名前と写真を，自分もすぐにSNS でできるだけたくさんの人に知らせた。

(4) 学校からの帰り道，いつも通る橋が工事中で渡れなくなっていたので，工事期間を明記して SNS で友人に教えた。

(1)		(2)		(3)		(4)	

> **Memo**
> 情報をインターネットで拡散する場合，エビデンス（証拠・根拠）を確認しておくことがたいせつである。

2 次の文の(1)〜(3)の空欄にあてはまる適切な語句を，後の語群から選んで書きなさい。

　情報の（　1　）とは，その情報がどれくらい信用できるかをいい，（　2　）がその情報についてどれくらい知っているかという側面と，（　2　）がその情報をどれくらい（　3　）伝えているかという側面とから判断される。

語群	完全性	信憑性	情報源	放送局	広範囲に	正確に
(1)				(2)		
(3)						

3 次の(1)〜(6)の文のうち，正しいものには○，誤っているものには×を書きなさい。

(1) 通信機能をもった情報機器は，すべてスマートフォンに分類される。

(2) 盗難品の DVD などは「海賊版」とよばれる。

(3) インターネット依存には，ゲーム依存やコンテンツ依存が含まれる。

(4) スマートフォンに指で文字入力することを「指紋認証」という。

(5) スマートフォンと GPS を連携させると持ち主の位置を特定できる。

(6) スマートフォンに接続するスピーカーが「スマートスピーカー」である。

(1)		(2)		(3)	
(4)		(5)		(6)	

> **ヒント**
> スマートフォンやスマートウォッチなどの「スマート」には，「かしこい」という意味が含まれる。

4 次の文の(1)～(4)の空欄にあてはまる適切な語句を，後の語群から選んで書きなさい。

メッセージアプリの機能に，送ったメッセージを相手が見ると，「（　1　）」と表示されるというものがある。伝わったことが確認できる利点がある一方，見たらすぐに返信がほしいと考えることからトラブルにつながることがある。また，SNS のプロフィール欄に（　2　）が掲載されていると，知らない人から声をかけられるということも起きる。何かのきっかけで悪意をもたれると，SNS 上で（　3　）や（　4　）をされたり，つきまとわれたりする恐れもある。（　3　）は，悪口をいうことで，（　4　）は，事実ではないことをいって他人の名誉を傷つけることである。

語群	未読	既読	住所	写真	批評	中傷	誹謗

(1)		(2)	
(3)		(4)	

5 ネットに広がった情報は，すべて回収したり消し去ったりすることは非常に困難で，いつまでも残って一生ついて回る。これをなんといいますか。カタカナ7文字で答えなさい。

ヒント
皮膚に絵を彫り込むいわゆる「入れ墨」は，消し去るのが非常に困難であることから生まれたよび方である。

6 次の文の(1)～(6)の空欄にあてはまる適切な語句を，後の語群から選んで書きなさい。

ネットワーク上での発言は，一部の人にしか見せない設定をしていても，発言内容が（　1　）されて広まることがある。また，SNS のなかには他人の発言や写真を，自分をフォローしている人たちに（　2　）する機能をもっているものもある。それらによって想定外の人に伝わることで，トラブルにつながったり，（　3　）に加担してしまう危険性もある。ときには不特定多数の人から批難のコメントが殺到する（　4　）の状態になったり，関係する発言や写真が（　5　）に保存され，ずっと残り続けたりする。SNS を利用した（　6　）では，公開する前に内容を確認できないので，不用意な発言をしないよう注意が必要である。ネットワーク上で発信する情報には問題がないかつねに気をつけ，責任のとれる内容とするべきである。

語群	印刷	コピー	返信	再投稿	再投下	炎上	暴走
	真相究明	デマの拡散	犯人逮捕	USB メモリ			
	まとめサイト	ライブ配信	メッセージ送信				

(1)		(2)	
(3)		(4)	
(5)		(6)	

3 情報に関する法規や制度

教科書 p.30〜33

1 次の文の(1)〜(4)の空欄にあてはまる適切な語句を，後の語群から選んで書きなさい。

技術的アイデア，工業製品のデザイン，文学作品など，知的活動を通じてつくり出され，それ自体で価値をもつようなものは，（　1　）とよばれる。（　1　）にかかわる権利を（　1　）権といい，さらに（　2　）や（　3　）にわかれる。（　2　）にはたとえば（　4　）などがあり，小説や音楽，映画，写真，絵画や版画，彫刻，建築などに関する権利が（　3　）である。

> **Memo**
> 知的財産権は，著作権と産業財産権の2つに大きく分けられる。

語群 基本的人権　知的財産　著作権　産業財産権　特許権　複製権　氏名表示権

(1)		(2)	
(3)		(4)	

2 知的財産権について，次の(1)〜(6)の説明にあてはまる権利を，後の語群から選んで書きなさい。

(1)著作者の権利

(2)著作物を伝達する者の権利

(3)高度な技術的アイデアによる発明に対する権利

(4)物の形や構造の工夫に対する権利

(5)工業製品などのデザインに対する権利

(6)企業や製品のマークなどに対する権利

> **ヒント**
> 使いやすくする工夫なら，発明とまではいえない。

語群 意匠権　著作権　商標権　著作隣接権　特許権　実用新案権

(1)		(2)	
(3)		(4)	
(5)		(6)	

3 次の(1)〜(4)で説明したものについて，著作権法で著作物とされているものなら〇を，著作物とされていないものには×を書きなさい。

(1)地図または学術的な性質を有する図面

(2)会計処理をコンピュータでおこなうためのプログラム

(3)舞踊または無言劇

(4)購入物品の支払いについての計算式

> **ヒント**
> 著作権法第10条に著作物の例示がある。著作権法の条文は，「e-Gov法令検索」で確認できる。
>
>
>
> 著作権法

(1)		(2)		(3)		(4)	

4 次の(1)〜(4)で説明しているものについて，それを保護する法律を，後の語群から選んで書きなさい。

Memo
意匠とは，デザインのことである。

(1)合金（ごうきん）の強度を上昇させる方法を発明した。
(2)電気自動車のデザインを，未来感のあるものにした。
(3)合併（がっぺい）した会社の，新しいロゴとマークを決定した。
(4)ボールペンの形を，長時間文字を書き続けても疲れないように工夫した。

語群 著作権法　特許法　実用新案法　意匠法　商標法

(1)		(2)	
(3)		(4)	

5 次の文の(1)〜(4)の空欄にあてはまる適切な語句を，後の語群から選んで書きなさい。

Memo
図書館では一定の条件下で，蔵書や資料をコピーできる。

　著作物を使うには，権利者から（　1　）を得ることが必要である。一方，一定の条件下では（　1　）を必要とせずに使うことができる。公開されている著作物の一部を自分の著作物で利用する（　2　），市販の音楽 CD などを自分で聴くためにスマートフォンにコピーする（　3　）のための複製などがそれにあたる。また，著作者が（　1　）の意思表示をしている例として，著作者が著作権を保持したまま，著作物の再利用に関する意思表示を手軽におこなえるようにする世界的な取り組みの（　4　）がある。

語群 証明　許諾　引用　私的使用　強制利用　コモンセンス
　　　　 ファースト・コンタクト　クリエイティブ・コモンズ

(1)		(2)	
(3)		(4)	

6 次の文の(1)〜(4)の空欄にあてはまる適切な語句を，後の語群から選んで書きなさい。

Memo
各法律の条文は，「e-Gov 法令検索」で確認できる。

不正アクセス禁止法

個人情報保護法

　（　1　）では，他人の ID・パスワードを使用して個人情報をはじめとしたネットワーク上のさまざまな情報を得ることなどを禁止している。個人情報とは生存する個人に関する情報で，その情報に含まれる氏名などの記述などにより，ある個人を特定することができるものである。個人情報が本人の意思にかかわらず流通し，（　2　）の侵害などにつながらないよう（　3　）が制定された。この法律は，個人情報を扱う（　4　）に対し適正な取り扱い方法などを定めたものであり，個人レベルでの侵害を取り締まるためのものではない。

語群 個人情報保護法　不正アクセス禁止法　団体　個人
　　　　 デモクラシー　プライバシー　パブリシティ

(1)		(2)	
(3)		(4)	

第3節　情報技術の役割と影響

教科書p.34〜41

1　情報技術と生活の変化

1 現代の生活

多くの人がインターネットを利用している。

コンピュータでの利用のほか，スマートフォンでの利用も多い。

光回線や新世代の携帯電話回線などによって，通信速度も速くなり，さまざまなサービスが提供されている。

➡インターネットを通じて，都合のよいときに都合のよい場所で見たい映画を楽しめるようになっていたり，外出予定先の駐車場の空き状況や，当地の気温などの情報を，リアルタイムで得たりできる。

2 家庭生活の変化

● 計測　対象物の状態を調べること。

　➡センサとよばれる装置が使われる。センサには，温度・圧力・距離・重量など，調べる状態に対してさまざまなものがある。

● 制御　対象物の状態に応じた調整をおこなうこと。

　➡家電製品には，センサなどから得た情報をもとに制御するために，マイクロコンピュータ（マイコン）が使われている。

● コンピュータによる制御の利点　コンピュータに指示をするプログラムを変更するだけで，さまざまな動作をさせることが可能。

● IoT（アイオーティー）　家電製品など，かつてはインターネットに接続されていなかった「もの」を接続してできたネットワーク。

3 社会生活の変化

情報通信技術の発展や普及は，働き方にも影響を与えている。

● 通信　情報通信ネットワークの通信速度が速くなったことで，テレビ会議システムが利用しやすくなった。情報のやり取りに電子メールやSNSを使うことで，世界中の人が協力して作業が可能。

● 蓄積　ハードディスクの記憶できる量が増えるとともに低価格化が進んだことで，ビッグデータ（社会生活で生み出される大量のデータ）を蓄積可能になった。その一方で情報セキュリティの対策が必要になった。

● 自動処理　コンピュータは，指示された手順どおりに処理をするような仕事ができる。しかも同じ仕事を人間がするより効率よくできる。

　➡働く人に求められる能力は「産業用ロボットの管理」などの方向に変化している。

4 個人への影響

● テクノストレス　情報機器を使うことへの不適応から生じる不安状態や，情報機器を使ったことで体調を崩す状態。

● 依存症　ゲームや動画，メッセージアプリによるコミュニケーションにはまり込み，日常生活に支障をきたしている状態。

● デジタルデバイド　情報格差。情報通信技術を使えるかどうかで生じる格差。

2 情報技術と未来の生活

1 AIがもたらす未来

AI(Artificial Intelligence)は，人工知能ともよばれる。人間が学習して知能を高めるのと同じような機能を，コンピュータで実現しようとする技術や手法が機械学習である。これを導入することで，明示的なルールを与えなくてもさまざまな判断が可能になり，AIの能力は飛躍的に向上した。

● 自動運転　AI技術の応用分野のひとつ。レベル1(運転支援)からレベル5(完全自動運転)まである。

➡ 完全自動運転を実用化するためには，新たな技術革新だけではなく，国際的なルールや法律の整備が必要である。

● トロッコ問題　「暴走するトロッコを放置すれば前方にいる5人が死に，線路のポイントを切りかえればその先にいる1人が死ぬ場合，どうするか？」という問題。

● AIアシスタント　音声によるユーザの質問を理解して処理するソフトウェア。

➡ スマートスピーカーは対話による情報提供や，家電製品のコントロールなどができる。

2 情報技術がもたらす未来

情報技術は日に日に発展する。20年の時間があれば，飛躍的に発展するだろう。

IoT・テレワーク・遠隔医療・農業支援・手術支援ロボット・パワーアシストスーツなど，情報技術がもたらす新しい生活のきざしはたくさんある。

3 未来の社会(Society5.0)

未来の社会の姿として，2016年に政府により提唱された。

Society5.0にいたるまでの段階は次のようなものである。

```
狩猟社会(1.0)  →  農耕社会(2.0)  →  工業社会(3.0)  →  情報社会(4.0)
```

Society5.0は，仮想空間(サイバー空間)と現実空間(フィジカル空間)を高度に融合させた，人間中心の新たな社会。

チェック　次の各文が正しい場合には○，誤っている場合には×を答えなさい。　(⇨解答 p.16)

( )① 情報技術においては，定規やメジャーを使って対象物の大きさを調べることを計測という。

( )② マイコン内蔵炊飯器には，制御のためにマイクロコンピュータが使われている。

( )③ コンピュータ制御の利点は，プログラムを変更すれば違う動作をさせられる点である。

( )④ IoTによって，インターネット接続されたエアコンのスイッチを，帰宅前に外から操作できる。

( )⑤ テレビ会議システムは，民間テレビ放送局が使用する電波の一部を利用して実現されている。

( )⑥ 電子メールは，携帯電話が普及した西暦2000年頃から人びとに使われるようになった。

( )⑦ 精神的疲労だけではなく，情報機器を使うことによる疲れ目もテクノストレスである。

( )⑧ ある地域が，高速通信回線が整備されていないことでほかの地域と格差がある場合も，デジタルデバイドといえる。

( )⑨ AIとは，人間が学習した内容をコンピュータのメモリにコピーすることで実現されている。

( )⑩ Society3.0は，工業社会をさすことばである。

( )⑪ 外見が人間と同じような姿をしているロボットを，AIとよぶ。

情報技術と生活の変化

1 次の文の(1)〜(4)の空欄にあてはまる適切な語句を，後の語群から選んで書きなさい。

現在は多くの人が，パーソナルコンピュータやコンビニエンスストアの店頭にある（　1　）などを使って，いろいろな情報を検索したり，チケットの申し込みなどをしたりしている。インターネット利用機器については，パーソナルコンピュータのほか，（　2　）も多い。（　3　）や新世代の携帯電話回線などによって，通信速度も速くなり，さまざまなサービスが提供されるようになった。たとえば，インターネットを通じて，都合のよいときに都合のよい場所で見たい映画を楽しめるようになっている。外出予定先の駐車場の空き状況や，スキー場のゲレンデのようす，気温などの情報が，インターネットを通じて（　4　）に得られるようにもなっている。

語群	光回線　　音声放送　　コピー機　　情報端末　　スマートフォン
	リアルタイム　　フレックスタイム

(1)		(2)	
(3)		(4)	

Memo

総務省「通信利用動向調査」では，平成28年にはパーソナルコンピュータがインターネット利用機器の1位だったが，平成29年から令和元年では2位となっている。

　通信利用動向調査

2 次の文の(1)〜(4)の空欄にあてはまる適切な語句を，後の語群から選んで書きなさい。

情報技術において，対象物の状態を調べることを（　1　）といい，対象物の状態に応じた調整をおこなうことを（　2　）という。家電製品には，（　3　）などから得た情報を元に（　2　）するために，マイクロコンピュータが使われている。データについては，ハードディスクに記憶できる量が増えるとともに低価格化が進んだことで，大量の情報の（　4　）が可能になった。

語群	調査　　修理　　蓄積　　センサ　　メモリ　　計測　　制御

(1)		(2)	
(3)		(4)	

3 次の文の(1)〜(2)の空欄にあてはまる適切な語句を，(1)は7文字，(2)は8文字のカタカナで答えなさい。

情報機器を使うことに適応できずに不安を抱くような状態や，作業による疲れなどが蓄積して体調を崩す状態は，（　1　）とよばれる。情報通信技術を使えるか使えないかということで生じる格差のことを（　2　）という。

(1)		(2)	

Memo

「技術」のことを英語ではテクノロジーという。

チェックの答 (p.15)　①×　②○　③○　④○　⑤×　⑥×　⑦○　⑧○　⑨×　⑩○　⑪×

2 情報技術と未来の生活

1 次の文の(1)〜(6)の空欄にあてはまる適切な語句を，後の語群から選んで書きなさい。

AIは，（ 1 ）ともよばれ，（ 2 ）年のダートマス会議をきっかけに，その名称が広まった。（ 3 ）年代に入ると，コンピュータの計算能力が向上し，Webの普及による学習用データの収集が効率化され，（ 4 ）の手法が発展した。（ 4 ）とは，人間が学習によって知能を高めていくような機能を，コンピュータで実現しようとする技術や手法のことである。この能力をもたせることで，AIの能力は飛躍的に向上した。そうしたAI技術の応用分野として注目されているものの1つに，自動運転技術がある。自動運転は，レベル1の（ 5 ）から，レベル5の（ 6 ）までレベル分けされている。

> **Memo**
> AIは
> Artificial Intelligence
> の略語である。

語群 自動人形　アンドロイド　人工知能　機械学習　遠隔授業
1941　1956　1980　2000　完全自動運転　運転支援

(1)		(2)	
(3)		(4)	
(5)		(6)	

2 次の文の(1)〜(8)の空欄にあてはまる適切な語句を，後の語群から選んで書きなさい。

わが国では未来の社会の姿として，Society5.0という考えが，（ 1 ）により2016年に提唱された。それによると，社会は時代とともに，（ 2 ）社会であるSociety1.0，（ 3 ）社会であるSociety 2.0，（ 4 ）社会であるSociety 3.0を経て，（ 5 ）社会であるSociety 4.0へと発展してきた。Society 5.0は，（ 6 ）空間（仮想空間）と（ 7 ）空間（現実空間）を高度に融合させたシステムにより，（ 8 ）と社会的課題の解決を両立させる人間中心の新たな社会とされている。

> **ヒント**
> 人類文明のはじめは，どのようにして食料を得ていたかを考える。
>
>
> Society5.0

語群 農耕　工業　狩猟　情報　文明　法律　政府　宇宙
サイバー　フィジカル　ワープ　経済発展　貿易均衡

(1)		(2)	
(3)		(4)	
(5)		(6)	
(7)		(8)	

章末問題

1 次の文の(1)〜(6)の空欄にあてはまる適切な語句を書きなさい。

　災害時の情報の流れと伝達メディアについてみると，まず，テレビ・ラジオ・新聞・雑誌など，いわゆる（　1　）メディアは，災害時に国民の多くが頼る情報の発信源である。ある程度信頼できる情報が，（　2　）多数の人びとに向けて発信される点が長所である。短所としては，伝達に時間がかかる場合があること，地域に応じたきめ細かい情報が伝えられにくいことなどがある。

　個人間の情報伝達手段としてすぐれているのが（　3　）網である。しかし，災害時には通話が集中してつながりにくいことがある。一方，インターネットでは，通信が集中して伝送速度が遅くなっても，ある程度までは接続を保てる。大規模停電が発生しても，（　4　）をもっていれば，それを通じてWeb ページの閲覧やストリーミング配信で情報を得られる。また，SNS によって，リアルタイムに近い情報を得られるが，（　5　）が混じっている可能性もあるので，受信者は慎重になるべきである。メッセージアプリの（　6　）機能を使えば，安否だけでも確認できる。

(1)		(2)		(3)	
(4)		(5)		(6)	

2 次の文を読んで，後の問いに答えなさい。

　コンピュータで情報を検索するときは，①知りたい情報に関連する語句を検索サイトで入力する。このときに，②複数の語句を入力すると，目的の情報をより早く見つけることができる。

(1)下線部①のような語句を，なんとよぶか，カタカナ 5 文字で書きなさい。

(2)下線部②のような検索方法をなんとよぶか，書きなさい。

(3)2 つの語句を組み合わせた検索にはどのようなものがあるか，3 つ書きなさい。

3 情報セキュリティの要素について，次の(1)〜(3)の語句を，説明しなさい。

(1)機密性

(2)完全性

(3)可用性

4 コンピュータに有害な動作をさせるソフトウェアをマルウェアという。次の(1)〜(4)のマルウェアを，説明しなさい。

(1)コンピュータウイルス

(2)ワーム

(3)トロイの木馬

(4)ランサムウェア

5 あなたの友人に，マンガ家志望の人がいる。彼女は描いた作品をいつも見せてくれ，あなた自身もとても気に入っていた。ある日の放課後，彼女が図書室で書きかけの作品に顔を乗せたまま居眠りをしているのに遭遇した。寝顔がかわいいと思ったあなたは，それをスマートフォンのカメラで撮影して，短文投稿サイトにアップした。「かわいい」「マンガも上手」などというコメントがたくさんついて，あなたは喜んでいた。だが，翌日彼女がとても怒ったようすで「なんで勝手にネットに上げたの！素顔を出してるし，あのマンガは漫画賞に応募するための作品だから公開したらダメだったのに！」と言われてしまった。

(1)あなたの行為は，友人に対するマナー違反以外に，情報に関する法律上の問題もあった。どのような問題があったか，説明しなさい。

(2)あなたはどのような対応をするべきだろうか。説明しなさい。

6 次の(1)〜(4)のうち，依存症にあたるものにはイ，デジタルデバイドにあたるものにはデ，どちらでもないものには△を，後ろの（　　　）に記入しなさい。

(1)災害給付金を申請しようと思ったが，申請は政府が用意した Web ページからしか申請できないので，ある高齢の被災者は申請をあきらめた。（　　　）

(2)スマートフォンのテレビ電話アプリを使えば，インターネットを通じて，遠く離れた孫と顔を見ながら話せることを知ってから，祖母はほとんど毎日，孫と話をしている。（　　　）

(3)友人と戦闘系のオンラインゲームでチームをつくった。ゲーム会社の大会での優勝をめざして，装備にお小遣いを全額使い，深夜まで練習を続けているため，毎日学校に遅刻している。（　　　）

(4)スマートフォンの新機種が出るたび，新しいものに買いかえる友人がうらやましくてしかたがない。同じ場所で写真を撮っても，友人の撮る写真は画質もよくて鮮明なせいか，SNS の「いいね！」の数で負けてばかりいる。（　　　）

7 学校の地学の授業で恐竜に興味をもったあなたは，インターネットで調べてみようと思った。

(1)どれぐらいの情報があるのか「恐竜」というキーワードを使って検索をおこない，検索されたWebページのおおよその件数を記入しよう。

検索日	年	月	日	件数	件

(2)件数が多いので，(1)で見つかったWebページのなかから，強く関心をもった肉食恐竜について調べたいと思った。絞り込み検索をしてみよう。キーワードに「肉食」を追加して検索し，おおよその件数を記入しよう。

検索日	年	月	日	件数	件

(3)映画でも見たことのある「ティラノサウルス」については，かなり知っているつもりなので，今回はそれ以外の肉食恐竜について調べたいと思っている。検索に使うキーワードには，どのように入力したらよいか，考えよう。また，そうして検索したおおよその件数はいくつかも記入しよう。

キーワード					
検索日	年	月	日	件数	件

(4)文字情報よりも画像を見たほうが，いろいろな恐竜の特徴をつかめると考えたので，興味深い画像を見つけられるよう，検索結果が画像の一覧表示になるようにして検索したい。どのようにすればよいか試してみよう。

8 最近，SF小説を読んだが，powered suitという語句が使われていた。これを一続きの語句として含むWebページの数を調べたい。

(1)キーワードはどう設定したらよいか，説明しよう。また，そのまま入力して検索した場合と，結果を比較してみよう。

(2)日本語で解説しているWebページではなく，英語のみで解説しているWebページの数を知るにはどうしたらよいか，調べてみよう。

 アクティブ

9 繁華街に近い道ばたで，映画の DVD がとても安い値段で販売されているのを，たまに見かけることがある。中古品やレンタルショップが放出したものを売っていることもあるが，多くは「海賊版」とよばれる違法なものである。また，インターネット上には無料や非常に安価で音楽やマンガをダウンロードできるサイトもある。これらについて，次の(1)〜(3)について，グループで考えて答えよう。

(1)「海賊版」とはどういうものか，調べよう。

(2)「海賊版」をつくって販売することは，どのような法律に違反しているか，また罰則はどのようなものか，調べよう。

(3)「映画で自分の前に座っている人が，スマートフォンで上映中のスクリーンを録画しはじめた」という状況に遭遇したとき，高校生であるあなたはどうすればよいと考えるか。次の(a)〜(c)のそれぞれの選択について，話し合ってみよう。

　選択(a)　：　直接その人に「違法だからやめたほうがいいですよ」と注意する。

　選択(b)　：　そっと席を立って映画館のスタッフに通報する。

　選択(c)　：　何もせずに自分は映画を見続ける。

 アクティブ

10 サイバー犯罪にはいろいろなものがある。新聞や，インターネットのニュースサイトを使って，最近発生したサイバー犯罪について調べてみよう。そして，同じような犯罪が多発していたら，その理由や傾向について考えてみよう。

第1節　コミュニケーション手段の特徴

教科書p.52～59

1　コミュニケーション

◼ コミュニケーション
コミュニケーションとは情報を伝えることで，私たちが社会生活を送る上で不可欠な活動である。

◼ コミュニケーション手段の発達
- 文字の使用　コミュニケーション手段は，身振り・手振り→ことば→文字と変化，発達してきた。
  - ➡ 遠くの人に情報が伝えられるようになった。後の時代の人に情報を残せるようになった。
- さまざまな機器の発達　音声，画像，動画でのコミュニケーションも可能になった。
- インターネットと情報端末の普及　音声，画像，動画などの情報の記録，複製，伝達も容易になった。

2　コミュニケーション手段と表現メディア

◼ コミュニケーションの人数
コミュニケーションの手段は相手の人数によって分類できる。
- 1対1型　手紙や電話など
- 1対多型　テレビや新聞などのマスメディアのように，一方向に情報を伝達する。Webページでは，個人でも1対多型の情報伝達をおこなうことができる。
- 多対多型　電子掲示板，SNS，メッセージアプリなどを使えば，多くの人どうしでのコミュニケーションが可能である。

◼ 同期型・非同期型
コミュニケーションの時を共有しているかどうかという視点を加えると，次のように分類できる。
- 同期型　送り手と受け手が同じ時間を共有しているもの。電話などがある。
- 非同期型　送り手と受け手が自分のタイミングで情報の受発信ができるもの。手紙，メール，メッセージアプリなどがある。また，事前に作成された動画を見る場合も，非同期型といえる。

◼ さまざまなコミュニケーションの形態
「直接会って話す」という1対1の同期型双方向コミュニケーションからはじまり，さまざまなコミュニケーションの形態が生まれた。インターネットの発達により，さまざまな双方向コミュニケーションが可能になった。

◼ 情報通信ネットワークを使ったコミュニケーション
- 電子メール　メッセージのやり取りに使う。公的な文書のやり取りにも使うので，メールの中身がわかるような件名をつけ，自分の名前をきちんと書くようにする。必要があれば画像やデータを添付できるが，データ量の大きさなどに配慮する。複数の人に同じ内容のメールを送ることも可能である。
  - ➡ Toに複数の宛先を並べる。CCには控えで送りたい宛先を並べる。
  - ➡ BCCに宛先を入力して送ると，そこに送ったことをほかの人に知られない。
- SNS　アカウントを登録して，文字，画像，動画などを投稿する。投稿内容は不特定多数が閲覧できるようにも，「友人のみ」のように閲覧できる範囲を限定することもできる。

➡メッセージアプリを利用すると，メールよりも気軽にメッセージを送ることも可能であり，友人などのグループ間でメッセージのやり取りができる。

●Web　1対多での情報発信に使え，文字だけでなく画像，音声，動画などさまざまな表現メディアを発信できる。必要な情報にたどり着きやすくするため階層構造をもたせることが多い。

🄕 表現メディアの特性 ....

情報通信ネットワーク上で情報を表現する手段には以下のものがあり，デジタルデータとして扱われる。

●文字　テキストファイルは，文字情報だけを含んでいる。ワードプロセッサなどでは，文字の大きさ，色，フォントなどの情報や用紙サイズなどの情報も含むので，データ量は大きくなる。

●音・音声　言語情報以外のさまざまなニュアンスを伝えることができるが，文字とくらべるとデータ量は大きくなる。このため，目的に応じてデータ量を減らす保存形式が用意されている。

●画像・写真　文字，音声と異なり，使う言語が異なる者にでも情報を伝えることができる。写真は情報を切り取って伝えることができるのでその場の雰囲気などを容易に伝えることができる。コンピュータで扱う画像にはラスター画像とベクター（ベクトル）画像の2種類がある。

➡ラスター画像　ピクセルとよばれる，色のついた細かなます目の集合であらわす。ピクセル数が増えればより細かい描写ができるが，データ量は大きくなる。拡大すると，細かかったピクセルが大きくなり，ぎざぎざに見える。

➡ベクター画像　図形を数式によって表現するため，拡大してもぎざぎざになることはない。
SNSに投稿するときは，自動的にそのアプリが扱える画像に変換してくれるためサイズや形式を意識することはないが，メールに添付するときは，受け取る相手の環境やデータ量に配慮する必要がある。

●動画　視覚的・聴覚的に情報を伝えることができるが，連続した画像と音声を記録するため，データ量がとても大きくなることに気をつける。

チェック　次の各文が正しい場合には○，誤っている場合には×を答えなさい。　（⇨解答 p.24）

( )　① 電信・電話の発明により，遠く離れた人にもすぐに情報を伝えることが可能となった。

( )　② 1対多のコミュニケーションでは，1人が複数の人にメッセージを送信する。

( )　③ 電子掲示板は，1対多の通信手段である。

( )　④ 電子メールは，非同期型の通信である。

( )　⑤ インターネットでは1対1，1対多，多対多のすべての双方向コミュニケーションが可能である。

( )　⑥ 電子メールでBCCを使って送信すると，自分のメールアドレスを相手に知られることがない。

( )　⑦ 電子メールに添付ファイルをつけて送信する場合は，相手の受け取る環境や，添付するファイルのデータ量に配慮
( )　　する必要がある。

　　　⑧ SNSに投稿した内容は，自分が登録している友人しか見ることはないので，どんなことを書いても安心である。

( )　⑨ Webでの情報発信は1対多でおこなわれるので，テレビ局，新聞社などのマスメディアも利用しているが，個人
( )　　でもWebページを使えば，マスメディアと同じように1対多の情報発信ができる。

　　　⑩ ワードプロセッサで文字色やフォントの指定を変更するだけでは，ファイルのデータ量は変化することはない。

( )　⑪ 音声・画像・動画データなどでは，質を重視するとデータ量が大きくなり取り扱いが難しくなる。このような，片
　　　方を重視するともう片方に問題が生じる関係のことをトレードオフという。

1 コミュニケーション

1 次の文の(1)〜(8)の空欄にあてはまる適切な語句を，後の語群から選んで書きなさい。

コミュニケーションの最初の手段は（　1　）であったと考えられるが，（　2　）が生まれたことで意思の疎通はよりスムーズになったであろう。

さらに（　3　）が使われるようになることで，目の前にいる人だけでなく，（　4　）にいる人びとに情報を送ることができるようになった。また，これは情報を（　5　）をこえて残すことが可能になったことも意味している。

さらに，コミュニケーションの手段として使えるさまざまな機器が発達した。これにより，音声や（　6　），動画などの情報を伝えられるようになった。

さらにインターネットの普及により，スマートフォンなどの（　7　）を使い，文字や音声などのさまざまな情報を記録し，（　8　）し，遠くの場所へ伝達することが容易になった。

> **Memo**
> コミュニケーションの手段は，時代を経て変化，発展していった。今，私たちはコミュニケーションの手段としてどのようなものをもっているのかを確認しておこう。

語群 ことば　過去　画像　情報端末　遠く　時代　印刷　身振り・手振り　複製　匂い　文字

(1)		(2)	
(3)		(4)	
(5)		(6)	
(7)		(8)	

2 (1)〜(8)で示したものが，おもに，コミュニケーションの手段として「遠くへの伝達」を意図していればA，「音や画像の記録」を意図していればB，「マスメディアでの利用」を意図していればCに分類しなさい。

(1)ファクシミリ
(2)活版印刷機
(3)のろし
(4)テープレコーダ
(5)電信機
(6)ラジオ
(7)蓄音機
(8)写真機

> **▶ヒント**
> (1)電話回線を使い，電子的に文字・図形を送信，受信する装置。

(1)		(2)		(3)		(4)	
(5)		(6)		(7)		(8)	

チェックの答 (p.23) ①○　②○　③×　④○　⑤○　⑥×　⑦○　⑧×　⑨○　⑩×　⑪○

コミュニケーション手段と表現メディア

1 次の文の(1)〜(6)の空欄にあてはまる適切な語句を，後の語群から選んで書きなさい。

> Memo
> コミュニケーションは，相手の人数によって分類できることを把握しておこう。

　私たちがおこなうコミュニケーションは，相手の人数によって分類できる。手紙や電話ではこちらも相手も1人なので，（　1　）型とよばれる。テレビや新聞などのマスメディアは，放送局や新聞社から多くの視聴者，購読者に（　2　）に情報を伝達するもので，（　3　）型に分類される。インターネットの掲示板では，（　4　）の利用者がコメントをやり取りできるので，（　5　）型とよばれる。さらに，SNS などではグループ内で（　6　）のやり取りができるようになっている。

語群 多対多　　複数　　一方向　　1対1　　文字　　双方向
　　　　不特定多数　　会話　　1対多　　マルチメディア

(1)		(2)	
(3)		(4)	
(5)		(6)	

2 次の文の(1)〜(4)の空欄にあてはまる適切な語句を，後の語群から選んで書きなさい。

　コミュニケーションの手段は，その瞬間を共有しているかどうかで分類できる。会話や電話では同じ時間を共有していると考えられるので，（　1　）型とよばれる。これに対して（　2　），コンピュータや情報端末を使った（　3　）は（　4　）型とよばれる。

語群 手紙　　テレビ会議　　同調　　非同期　　同期　　電子メール

(1)		(2)	
(3)		(4)	

> Memo
> コミュニケーションのときに，その時間を共有しているかどうかで2種類に分類できる。

3 次の語群の語句を，下の表に分類しなさい。

語群 テレビ会議　　新聞　　電話　　電子メール　　テレビの生放送
　　　　電子掲示板　　動画投稿サイトへの投稿　　SNS への投稿

1対1の同期型	1対1の非同期型
1対多の同期型	1対多の非同期型
多対多の同期型	多対多の非同期型

4 次の(1)～(5)は，電子メールについての用語である。それぞれの説明として適切なものを，後の選択肢から選んで，記号（A～E）を書きなさい。

(1) To　　(2) CC　　(3) BCC　　(4)件名　　(5)添付ファイル

〔選択肢〕

A　文章とともに送られる，画像データや各種アプリケーションソフトウェアでつくられたファイル。

B　本来の宛先と同時に，控えや確認のために別の宛先にも送るときに使う。

C　タイトルとして表示される部分。

D　本来の宛先。複数のメールアドレスを記入することも可能。

E　同じ内容の電子メールを複数の人に送るとき，送り先のメールアドレスやそこに送ったことを知らせないようにするときに利用する。

(1)		(2)		(3)		(4)		(5)	

▶ヒント
(2) CC，(3) BCC は，なんの略称かを考えよう。

Memo
(4)は，できるだけ簡潔に内容がわかるものをつけるようにしよう。

5 次の文の(1)～(5)の空欄にあてはまる適切な語句を，後の語群から選んで書きなさい。

　SNSでは，（　1　）を登録することで，自分の文章や画像などを（　2　）し，他者の（　2　）を（　3　）できるようになる。自分が（　2　）した内容は，（　4　）を設定することで，（　3　）できる人を限定できるようになる。メッセージアプリでは（　5　）をつくり，その中でのやり取りができる。

語群　グループ　　アカウント　　パスワード　　閲覧　　返信　　削除
　　　公開範囲　　メンバー　　投稿

(1)		(2)	
(3)		(4)	
(5)			

▶ヒント
SNS を利用するために，まず最初にすることは，なんだろうか。

6 次の文の(1)～(5)の空欄にあてはまる適切な語句を，後の語群から選んで書きなさい。

　インターネット上では，文書や画像などの情報が（　1　）ページとして発信されている。文書や画像のほかに（　2　），（　3　）などさまざまな表現メディアを扱うことができる。印刷物より速く作成し公開ができるため，マスメディアが（　4　）の提供に使う場合もある。必要な情報にたどり着きやすくするために，（　5　）をもたせていることが多い。

語群　動画　　分散　　Web　　URL　　速報　　階層構造　　音声

(1)		(2)	
(3)		(4)	
(5)			

Memo
SNSなどで知ったニュースが正しいかどうかを判断するのに，新聞社などの Web サイトを利用するとよいことを知っておこう。

7 次の文の(1)〜(6)の空欄にあてはまる適切な語句を，後の語群から選んで書きなさい。

文字情報のみを含んだファイルは（ 1 ）とよばれ，（ 2 ）を使って文字情報をつけ加えたり削除したりする。（ 1 ）の（ 3 ）は，文字数で決まることになる。（ 4 ）も文字を扱うアプリケーションソフトウェアだが，文字情報のほかに（ 5 ）を設定したり，文字の（ 6 ）や大きさを変えたり，印刷するときの用紙の大きさを設定したりできる。

語群　色　データ量　ワードプロセッサ　表計算ソフトウェア　音
テキストファイル　用紙サイズ　テキストエディタ

(1)		(2)	
(3)		(4)	
(5)		(6)	

Memo
テキストエディタは動作が軽いので，文字情報だけを記録したいときは便利である。

Memo
ワードプロセッサで作成した文書の文字の色や大きさを変えると，ファイルのデータ量が変化する。

第2章

8 次の文の(1)〜(6)の空欄にあてはまる適切な語句を，後の語群から選んで書きなさい。

コンピュータで扱う画像は，大きく（ 1 ）画像と（ 2 ）画像に分けられる。（ 1 ）画像は，（ 3 ）という色のついた細かいます目の集合として画像をあらわす。これが多いほど（ 4 ）画像を表現できるが，データ量が大きくなって扱いにくくなるという（ 5 ）が起こる。（ 2 ）画像は，図形の位置，形，色などを（ 6 ）によって表現するもので，拡大してもぎざぎざにならない。

語群　ピクセル　細かい　大きな　文字　数式　ベクター
トレードオフ　抑揚　言語　ラスター

(1)		(2)	
(3)		(4)	
(5)		(6)	

Memo
音声には，声の発し方や抑揚によって，伝える人の感情や雰囲気を伝えられるという特徴がある。画像には，使う言語が異なる者どうしでも，情報を共有できるという特徴がある。文字が伝える情報と，音声や画像が伝える情報の違いを理解して，特徴をいかした使い方をするように心がけよう。

9 (1)〜(5)のファイル形式を説明する文としてもっとも適切なものを，後の選択肢から選んで，記号（A〜E）を書きなさい。

(1) PNG　　(2) FLAC　　(3) MP4　　(4) MP3　　(5) GIF

〔選択肢〕　A　音声を非可逆圧縮で保存する形式。
B　写真などの画像を可逆圧縮で保存する形式。
C　画像の色数を256色に減らして，可逆圧縮で保存する形式。
D　動画を圧縮して格納する形式。さまざまなOSや情報端末で扱える。
E　音声を可逆圧縮で保存する形式。音楽用としてよく使われている。

(1)		(2)		(3)		(4)		(5)	

ヒント
(2) Free Lossless Audio Codec の略

第2節　情報デザイン

教科書p.60〜67

1　情報デザインとは

1 身近な情報デザイン

日常生活の中で，問題解決のために目的を整理したり，情報がもつ目的・意図を明確にして伝える工夫をしたり，操作性を高めたりするための考え方。おもに，次の3つの考え方を使う。

- ●抽象化　アイコンやピクトグラムを使い，何を目的としているかを直感で理解できるようにする。
  - ➡ピクトグラムは，トイレや非常口などを示すのに使われている。直感的にわかりやすく，世界的に使われている。
- ●可視化　表，図解，グラフなどを使用し，見ただけでわかるようにする。
- ●構造化　文字の配置やレイアウトを工夫して，わかりやすくする。

2 ユーザインタフェース

アプリケーションソフトウェアがユーザとやり取りをする部分のこと。時代とともに変わってきた。スマートフォンやタブレット端末では直感的な入力方法が使われ，操作音や振動などでユーザに反応を返すこともおこなわれている。

3 ユーザビリティ

使いやすさのこと。

人間の特性を利用し，「もの」によって一定の行動をうながす，シグニファイアを利用することがある。人間はミスをするという前提に立って，ミスがあっても危険が生じないようにするフールプルーフや，ミスがあっても安全な状態に移行するフェイルセーフという考え方が使われる。

4 アクセシビリティ

利用しやすさのこと。たとえば，さまざまな人が利用することを想定して，その特性にあわせたユーザインタフェースを用意する。文字と背景の色が見やすいように組み合わせることや，色や形だけで区別するのではなく文字の説明をつけるなどがあげられる。

5 ユニバーサルデザイン

「誰にでも使いやすくデザインすること」を基本にした考え方。

2 わかりやすい表現

■1 文章表現の工夫 ……………………………………………………………………………………

新聞や雑誌では，内容がひと目でわかるよう見出しをつける。長い文章は，箇条書きにすることでわかりやすくなる。文章では伝えきれないときは図版を使う，などの工夫がある。

■2 書体とフォントの工夫 ………………………………………………………………………………

文字の形をあらわすデータをフォントとよび，そのデザインを書体とよぶ。
- ●明朝体　　　横の線が縦の線より細く，ウロコとよばれるかざりがあり，おもに本文に使われる。
- ●ゴシック体　線の太さがほぼ一定で，おもに見出しに使われる。

日本語では等幅フォントがよく使われる。
英語を入力するときは，等幅でないプロポーショナルフォントを使うと読みやすい。
ユニバーサルデザインフォントという，誰にでも判読しやすいフォントも開発されている。

■3 図版を用いた表現の工夫 ……………………………………………………………………………

図版を使うことで読み手の理解を深めることができる。
図版には表，グラフ，写真，イラストなどの形がある。

■4 文字と図版のレイアウトによる効果 ………………………………………………………………

見出しや本文，図版などの配置を，レイアウトという。
レイアウトは読みやすさに影響を与えるので，工夫する必要がある。

■5 図解による表現の工夫 ………………………………………………………………………………

図形やイラストなどを組み合わせて，意図した内容を，表現することを図解という。
意図した点を目立たせるために，部分的に色を変えたり，イラストを入れたりする。
- ●インフォグラフィックス　図解をさらに工夫して，さまざまなデータや情報を，利用者の視点に立って視覚化したもの。

チェック　次の各文が正しい場合には○，誤っている場合には×を答えなさい。　（⇨解答 p.30）

( )　① コンビニエンスストアでは，抽象化，可視化，構造化などの情報デザインの工夫がなされている。
( )　② 箇条書きを使うことや，レイアウトの工夫をすることは，情報デザインでの構造化の1つの考え方である。
( )　③ ピクトグラムとは，装飾がほどこされた，芸術性に富んだイラストのことをいう。
( )　④ ユーザビリティとは，機器やアプリケーションソフトウェアの使いやすさをあらわすときの用語である。
( )　⑤ 作業のときにミスがあっても危険が生じないように設計する考え方をフェイルセーフという。
( )　⑥ ユニバーサルデザインとは，世界で統一されているデザインのことをさす。
( )　⑦ 新聞や雑誌では，書かれている内容がわかりやすいように，見出しがつけられている。
( )　⑧ ゴシック体は，線の太さが一定の書体で，本文で使われることが多い。
( )　⑨ 英語を入力するときは，プロポーショナルフォントとよばれる等幅フォントが使われる。
( )　⑩ レイアウトを考えるときは，つねに視線が上から下に垂直に動くようにする。
( )　⑪ 図解では，図形の大きさや色を部分的に変えたり，イラストを入れたりして，注目点を目立たせるようにするとよい。
( )　⑫ 最近では，データや情報を利用者の視点に立って工夫した，図解を発展させたインフォグラフィックスとよばれるものも，さまざまなメディアで利用されている。

1 情報デザインとは

1 次の文の(1)〜(7)の空欄にあてはまる適切な語句を，後の語群から選んで書きなさい。

（ 1 ）とは，問題解決のために目的を整理し，情報を受け手に対してわかりやすく伝える考え方や（ 2 ）のことをいう。この視点から，コンビニエンスストアを見てみよう。入り口の近くには，歩くのが困難な人のための駐車場であることを示すために図を使うという（ 3 ）の考え方が使われている。店内の商品棚では商品が種別に配置され，どこに何があるのかわかりやすくなるという（ 4 ）がおこなわれている。また，レジの前には並び方を示す矢印が表示されており，（ 5 ）がはかられている。駐車場やトイレなどの目印に使われている抽象化された図は，（ 6 ）とよばれている。言語や文化が違っていても（ 7 ）に理解することができる。

語群 表現方法　構造化　直感的　標本化　理論的　可視化
情報デザイン　ピクトグラム　抽象化　情報モラル

(1)		(2)	
(3)		(4)	
(5)		(6)	
(7)			

2 次の(1)〜(4)の用語を説明した文章を選択肢から選んで，記号（A 〜 F）を書きなさい。

(1)フェイルセーフ
(2)アクセシビリティ
(3)ユーザビリティ
(4)ユニバーサルデザイン

〔選択肢〕

A　国籍や能力，身体の特性などにかかわらず，誰にでも使いやすくデザインすることが基本の考え方。
B　ミスがあっても危険が生じないように設計する考え方。
C　Web ページやアプリケーションで，ユーザとやり取りをおこなう部分。
D　ミスがあってもなるべく安全な状態に移行するように設計する考え方。
E　使うときの有効さ，効率，満足度などで評価される，使いやすさのこと。
F　いろいろな人にとっての機器やサービスの利用しやすさのこと。

(1)		(2)		(3)		(4)	

ヒント
(1)英語で書くと fail-safe。「失敗→安全」と考えよう。

チェックの答 (p.29)　①○　②○　③×　④○　⑤×　⑥×　⑦○　⑧×　⑨×　⑩×　⑪○　⑫○

わかりやすい表現

1 次の文の(1)〜(4)の空欄にあてはまる適切な語句を，後の語群から選んで書きなさい。

　新聞や雑誌では記事の前に（　1　）をつけて，読者が内容をわかるようにしている。このとき，本文とは（　2　）に差をつけるようにすると見た目の印象が変わってくる。文章が長くてわかりにくくなりそうなときは（　3　）にすることでわかりにくさを避けることができる。文字だけでは伝えきれない情報があるときには（　4　）を使うと効果的である。

語群　箇条書き　　図版　　文字色　　文字サイズ　　見出し

(1)		(2)	
(3)		(4)	

2 次の文の(1)〜(6)の空欄にあてはまる適切な語句を，後の語群から選んで書きなさい。

　コンピュータで使われる文字の形をあらわすデータはフォントとよばれている。そのデザインのことを（　1　）といい，横の線が縦の線より細く，ウロコとよばれるかざりがある（　2　）や，線の太さがほぼ一定である（　3　）などがある。日本語では（　4　）がよく使われているが，英文を書くときには（　5　）が使われる。誰もが読みやすいように開発された（　6　）というものもある。

語群　プロポーショナルフォント　　ゴシック体　　明朝体　　書体
　　　　等幅フォント　　ユニバーサルデザインフォント　　行書体

(1)		(2)	
(3)		(4)	
(5)		(6)	

3 次の(1)〜(3)の用語を説明した文章を選択肢から選んで，記号(A 〜 D)を書きなさい。

(1)インフォグラフィックス　　(2)レイアウト　　(3)図解

〔選択肢〕　A　記事内容が一見してわかるように文章の前に出す簡単な言葉。
B　図形，イラストなどを組み合わせて内容を表現すること。
C　さまざまなデータや情報を利用者の観点に立って視覚化したもの。
D　読みやすさに大きな影響を与える，見出し・本文・図版などの配置。

(1)		(2)		(3)	

第 3 節　コミュニケーションと効果的なデザイン

教科書p.68〜77

1 効果的な表現

1 表やグラフの表現

集めてきた情報は，表やグラフに整理する。

- ●表　文字や数値を，行と列で整理したもの。情報が見やすくなる。
    - ➡罫線を適切に使うと項目が見やすくなる。
- ●グラフ　数値の変化，量の比較，分布の特徴がひと目でわかるようになる。グラフにはさまざまな種類があるが，データの種類や目的に応じて適切に選ぶ。
    - ➡グラフの軸には，それがあらわしているものを，目盛・単位とともに書き込む。
- ●凡例　グラフの中の，どの部分が何をあらわすのかを示すもの。
- ●グラフの表現の注意　色で示した凡例はわかりにくいので，項目名などは凡例をグラフの外に置いて示すよりも，グラフ内に書き込むほうがわかりやすい。
    - ➡立体的な円グラフや，始点を 0 以外にした棒グラフなど，グラフの描き方で与える印象が変わってしまうことに注意する。

2 画像や色の表現

- ●レタッチ　画像を効果的に見せるためにする作業。画像の明るさの調整，コントラストや色のかたよりの補正，トリミングや合成などを含む。
    - ➡画像の不要な部分を取り除く作業は，トリミングとよばれる。
    - ➡画像を複数のレイヤーとして扱える場合は，画像の合成などの複雑な加工ができる。
- ●光の 3 原色　コンピュータでは，赤，緑，青（RGB）の「光の 3 原色」の強さで色をあらわす。
    - ➡印刷物では，シアン，マゼンタ，黄の「色の 3 原色」で色をあらわす。
- ●色の 3 属性　人が色を扱うときには，色相，明度，彩度の「色の 3 属性」で考える。
    - ➡色相　色合いのこと。色相環とよばれる，環状に色を配置したもので考える。
      環状の向かい合う位置にある色を補色，近くの位置にある色を類似色という。
    - ➡明度　色の明暗の度合いをあらわす。
    - ➡彩度　色の鮮やかさをあらわす。明度と彩度の組み合わせで，さまざまな色調が生まれる。
- ●背景色と文字色の組み合わせ　背景と文字に類似色を使うと読みにくい場合がある。補色を使っても，人によって見えにくい組み合わせがある。
    - ➡背景と文字の組み合わせには明度の差が大きくなるように配慮し，視認性を高める工夫をする。

3 音の表現

文字や画像だけでは表現できない場合は，音を使う場合がある。音声合成技術でキャラクタに歌わせることも可能であり，音声認識技術により声で操作することも可能になった。

4 動画の表現

動作や複雑な動きの表現には，動画を使うことができる。動画は必要な箇所だけをつなぎ合わせ，後から文字や音声を挿入するなどの編集ができる。

- ➡絵コンテを用意すると，効率よい作業ができる。

5 3Dの表現

画像は奥行きのない2Dの表現であるが，現実は幅，奥行き，高さのある3Dの世界である。3D表現を使うと，表も裏も自由に見せられるようになる。

- バーチャルリアリティ(VR)　現実には存在しない世界をつくりだしたもの。
- 3Dプリンタ　3D表現されたものを実物として出力する装置。
- プロジェクションマッピング　3次元コンピュータグラフィックス(3DCG)技術を使って，立体的なものに映像を投影する技術。

2 情報デザインの実践

校内でエコバッグを制作することを想定すると，以下のような流れになる。

1 メッセージを考える

どのようなメッセージを発信するのか考える。

2 仕様やデザインを考える

仕様とは形状，構造，寸法，成分，精度，性能，製造法，試験方法などを規定したもの。
仕様を決定した後，デザインを考える。

3 デザイン案の評価と決定

集まったデザイン案を評価し，最終デザインを決める。
Webサイトなどでアンケートをおこなう方法も使える。

4 デザインの作成

デザインデータを作成する。
イラストや文字などのサイズを決め，余白が整っているかなどをチェックする。
校章やイラストなどは，利用可能なものかを確認する。

5 改善とチェック

完成イメージが固まったら，多くの人の意見を集約する。
アンケート結果を数値化，グラフ化するなど，改善点や意見を集約，最終チェックをおこなう。

6 共有と発信

これらの取り組みをマニュアル化しておくと次につながる。
メディアの特徴を考えて発信する。

チェック 次の各文が正しい場合には○，誤っている場合には×を答えなさい。　(⇨解答 p.34)

( ) ① 表は，文字や数値を縦横に並べたもので，区切りとして罫線を使う。
( ) ② グラフを使うと，数値の変化などがわかりやすくなり，量の比較や分布の特徴もつかみやすくなる。
( ) ③ 凡例とは，そのグラフのタイトルで，グラフが何をあらわしているかをわかりやすく記している。
( ) ④ 3D表現の円グラフを使うと，迫力が出て見やすくなり，数値の違いがはっきりする。
( ) ⑤ 棒グラフが長くてページにおさまらないときには，始点を0にしなければよい。
( ) ⑥ トリミングとは，画像の不要なところを取り除く作業のことをいう。
( ) ⑦ 赤，緑，青の3色を光の3原色とよび，3つの色が混じるほど明るくなる。
( ) ⑧ シアン，マゼンタ，黄を色の3原色とよび，3つの色がすべて合わさると黒くなる。
( ) ⑨ 色相環で，向かい合う位置にある色のことを暖色とよび，隣り合う位置の色を寒色とよぶ。
( ) ⑩ 文字と背景色の視認性を高めるためには，彩度の差に気をつけるとよい。
( ) ⑪ 動画を作成するときには，仕上がりのイメージを紙に書いておくとよい。これを絵コンテとよぶ。
( ) ⑫ 自分たちが考えたデザインは自分たちの独自のものであるので，完成前に他の人の意見を聞く必要はない。

効果的な表現

1 次の文の(1)〜(6)の空欄にあてはまる適切な語句を，後の語群から選んで書きなさい。

　文字や数値を（　1　）と列に整理したものを（　2　）という。項目を区切るには，（　3　）を適切に使うと，わかりやすくなる。

　数値の変化のようすや，（　4　）の特徴をわかりやすくするためには（　5　）を用いる。軸には，何をあらわすかを目盛・（　6　）とともに書き込む。

> **Memo**
> 集めた情報は，そのままでは何をあらわしているのかわからないことが多い。どのようなまとめ方があるのかを知っておこう。

語群　数値　　表　　分布　　スライド　　比較図　　タイトル　　行
　　　　グラフ　　罫線　　凡例　　単位　　位置

(1)		(2)	
(3)		(4)	
(5)		(6)	

2 次の文の(1)〜(4)の空欄にあてはまる適切な語句を，後の語群から選んで書きなさい。

　画像を効果的に見せるために，（　1　）とよばれる作業をおこなう。この作業では（　2　）を整えたり，画像の明るさや（　3　），色のかたよりを補正する。また，不要な部分を取り除く（　4　）という作業をする。

> **Memo**
> 画像をそのまま使うのではなく，より効果的な見せ方ができないかを考えてみよう。

語群　トリミング　　要素　　色合い　　コントラスト　　コンテクスト
　　　　レタッチ　　色相環　　ミキシング

(1)		(2)	
(3)		(4)	

> **Memo**
> レタッチのためのアプリケーションソフトウェアには，合成などの複雑な加工をおこないやすいように，画像を複数のレイヤーに分けて扱えるものもある。

3 次の(1)〜(4)の用語を説明した文章を選択肢から選んで，記号（A〜E）を書きなさい。

(1)光の3原色　　(2)補色　　(3)彩度　　(4)絵コンテ

〔選択肢〕

A　動画を作成するときに用意するストーリーのイメージ図。

B　シアン，マゼンタ，黄の3色。これらがあわさると，暗い色になる。

C　色合いを円状に配置した色相環で，向かい合う位置にある色のこと。

D　赤，緑，青の3色。これらがあわさると，明るい色になる。

E　色の鮮やかさの度合いをあらわすもの。

> **▶ヒント**
> (4)英語では story board という。

(1)		(2)		(3)		(4)	

チェックの答 （p.33）　①○　②○　③×　④×　⑤×　⑥○　⑦○　⑧○　⑨×　⑩×　⑪○　⑫×

2 情報デザインの実践

1 次の文の(1)〜(2)の空欄にあてはまる適切な語句を，後の語群から選んで書きなさい。

　グループで企画やデザインを考えるとき，目的や最終イメージを（　1　）しておく。これができたら，（　2　）とよばれる，つくるものの形状，構造，寸法，成分などを決定し，デザインを考える。

語群	短文化	共通化	数値化	仕様	提出	マニュアル化
(1)				(2)		

実習問題

2 音楽部の演奏会の告知ポスターをつくりたい。文面は以下の通りである。また，ポスターには下の2点の画像を使うこととする。文字や画像の配置，フォントの選択などを自分で工夫し，作成しなさい。

【文面】

> バイオリン演奏会のお知らせ
>
> このたび音楽部では、下記の日程でバイオリン演奏会を開催いたします。おなじみの CM ソングから有名なクラシックまで、楽しい曲がいっぱいです。
> みなさんぜひご参加下さい。
>
> 開催日　　令和5年5月26日(金)
> 開催時間　16：00〜17：30
> 開催場所　音楽室
>
> 連絡先：3年1組　山本　ゆかり
>
> 新入部員も募集中

テキストデータ

【画像】

画像データ1

画像データ2

章末問題

1 次の文の(1)〜(5)の空欄にあてはまる適切な語句を書きなさい。

　ネットワーク上には，さまざまなコミュニケーション手段がある。それらの手段は相手の人数によって，直接会って話す（　1　）型，マスメディアのような（　2　）型や，電子掲示板のような（　3　）型に分類できる。相手とその瞬間を共有するかどうかという面でも分類でき，（　4　）型であるライブ配信や電話での通話ではコメントに対してすぐに答えてくれるのに対し，（　5　）型であるメッセージアプリではすぐに返事をくれるとはかぎらない。このように，どの手段にもそれぞれ得意なこともあれば，得意ではないこともある。

(1)		(2)		(3)	
(4)		(5)			

2 次の文の(1)〜(6)の空欄にあてはまる適切な語句を書きなさい。

　音や音声をデジタル化して保存するとき，WAVE形式では（　1　）で保存するため，データ量は大きくなる。このため，MP3形式などでは人間の耳には聞こえないと考えられる部分を切り取るなどしてデータ量を減らして保存する。このやり方は，元に戻すことが不可能であるため（　2　）とよぶ。しかし，音楽を保存するときには，切り取られた部分が音質に関係すると考えられるため，FLAC形式などではデータを切り取ることなく圧縮している。これを（　3　）と言う。画像や写真の保存でも同じようなことがおこなわれており，（　4　）形式では圧縮せずに画像を保存している。一方，（　5　）形式では，色数は減らさないが一部のデータを切り捨てて圧縮している。また，（　6　）形式ではデータを切り捨てることなく圧縮をおこなっている。

(1)		(2)		(3)	
(4)		(5)		(6)	

3 次の文を読んで，後の問いに答えなさい。

　コンピュータで写真を扱うときは，①色のついた細かいます目の集合としてあらわされている。この②ます目の数が多いほど細かい部分まで表現できるが，そのかわりにデータ量が大きくなる。電子メールに添付して送るときは，データ量が適切な大きさになるようにしておく必要がある。

(1)下線部①のような画像を，なんとよぶか，書きなさい。

(2)下線部②のように，一方の条件を重視すると，もう一方の条件が満たされなくなるような関係をなんとよぶか，書きなさい。

(3)写真を扱うときによく使われる画像のファイル形式を書きなさい。

4 次の文を読んで，後の問いに答えなさい。

　私たちがコミュニケーションをうまくとるためには，①伝えたい内容をきちんと整理したり，伝えたいことが相手にうまく伝わるような工夫をおこなったりする必要がある。たとえば，文字や言葉で数字を伝えるよりも，それを②グラフにして見せるほうがわかりやすい。さらに，文をただ書き並べるのではなく，③必要な部分を箇条書きにしたり，番号を振ったりすると，一見しただけで内容を把握することができる。また，その場所や建物がなにであるかを文字で書いていたのでは，その文字を読めない人たちには伝わらない。そのようなときは，その場所や建物を④抽象化した単純な絵のような図形であらわせば，さまざまな人に伝えることができる。

(1)下線部①のような考え方をなんとよぶか，書きなさい。

(2)下線部②のような工夫の考え方はなんとよばれるか，教科書中にある漢字3文字で書きなさい。

(3)下線部③のような工夫の考え方はなんとよばれるか，教科書中にある漢字3文字で書きなさい。

(4)下線部④のことをなんとよぶか，書きなさい。

5 次の (1) ～ (5) の用語を，教科書で使われていることばを使って説明しなさい。

(1)階層構造

(2)ユーザインタフェース

(3)テキストファイル

(4)フールプルーフ

(5)インフォグラフィックス

6 あなたは, 文芸部の部長 N である。あなた以外の部員は A, B, C, D, E の 5 人, 顧問は Z 先生である。みんなでメールアドレスを交換したので, 連絡は電子メールを使うことにしている。(1)〜(3)のようなメールを送りたいとき, To, CC, BCC の欄にはそれぞれ誰のメールアドレスを入れるか, 考えて書きなさい。また, 入れない欄には「なし」と書きなさい。

(1)部誌の原稿締切を部員と先生に確認してもらい, 部員は確認したら返事をするように, というメールを送りたい。メールが送られたかどうか確認するために, 自分自身にもコピーを送りたい。

To		CC		BCC	

(2)部誌の原稿締切は 3 週間後の月曜日の放課後である。まだ誰も原稿を送ってきていないので, 進捗状況を教えてくれるように依頼するメールを送りたい。

To		CC		BCC	

(3)1 週間過ぎて, C さん, E さんは原稿を送ってきてくれた。B さんと D さんは, もう 1 週間あればできると返事があった。A さんだけ原稿もこず, 返事もないので, 原稿や連絡をくれた人にお礼を伝えると同時に, A さんに状況を連絡するように依頼するメールを送りたい。印刷の都合もあるので, 顧問の先生にも, あわせて状況をこっそり報告しておきたい。

To		CC		BCC	

7 右の写真は, BMP 形式の画像である。これを, JPEG 形式, PNG 形式, GIF 形式で保存しなおして, データ量や画質がどのように変化するかを観察しよう。

(1)BMP 形式の元画像をダウンロードして, ペイントソフトで開き, JPEG 形式, PNG 形式, GIF 形式で保存して, データ量がどのようなっているか調べて書きなさい。

BMP	2813 キロバイト	JPEG	キロバイト
PNG	キロバイト	GIF	キロバイト

元画像(BMP)

(2)それぞれの画像をペイントソフトで開き, 画質に変化があるか観察し, 気がついたことを書きなさい。たとえば, 空と建物の境界あたりを拡大してみよう。

 アクティブ

8 「なぞかけ」とは，「AとかけてBと解く，そのこころはCだから」ということば遊びである。ブレーンストーミングとKJ法を使って，「高校とかけて」ではじまる「なぞかけ」をつくろう。

手順①ブレーンストーミングでアイデアを出す。
　「高校」ということばから思いつくことばを，どんどん出し合おう。出てきたことばは，付箋紙などに1つずつ書いていく。出てきたことばは，漢字では書かないで，ひらがなまたはカタカナで書いていく。

手順② KJ法で整理する。
　ことばが20くらい出たら，付箋紙を縦に並べよう。次に，ここで並んだことばから，連想することばを出していき，その付箋紙の横に並べよう。連想することばがなかなか出てこない付箋紙は，そのままにして次に移ればよい。

手順③謎かけをつくる。
　「AとかけてBと解く，そのこころはCだから」のAの部分には「高校」が入る。実習②で出てきたことばがBに入り，実習①で出たことばがCに入る。並べかえてみて，もっとも発想のおもしろそうなものを，自分たちの謎かけとして発表しよう。

アクティブ

9 学校生活の中で，SNSを利用すると便利になる場面は，どんなものがあるか提案してみよう。調べたり話し合ったりして考えをまとめ，2つ書きなさい。

サービス名	
利用場面	

サービス名	
利用場面	

第1節　コンピュータのしくみと働き

教科書p.86〜99

1　コンピュータと数

1 数のしくみ

- 10進法　0〜9の10種類の数字を用いて値をあらわすもの。
- 2進法　0と1の2種類の数字のみを用いて値をあらわすもの。コンピュータの内部では2進法が使われる。
  → 数が何進法であらわされたものかを示すために，後ろに（　）をつけて記入する場合がある。
- 10進法から2進法への変換　2進法における各位の大きさを考え，上から値を埋めていく。

2 2進法とビット

0か1をあらわす情報の単位がビット，ビットが並んだものをビット列という。ビットが8つ並んだものをとくにバイトとよぶ。コンピュータが扱う情報はビット列であらわされる。

3 補数表現

コンピュータの整数の計算では，2の補数というしくみを用いる。
  → 2の補数を使うと，足し算と同じ回路で引き算も扱えるようになる。

4 16進法によるデータの表記

- 16進法　2進法の4桁をまとめて1桁であらわすことができ，長いビット列も読みやすくなる。

5 コンピュータにおける計算時の誤差(限界)

コンピュータは有限の桁数で数を表現するため，計算結果に誤差が含まれる場合がある。

2　コンピュータの働くしくみ

1 コンピュータの構成

コンピュータは機械や装置であるハードウェアと，プログラムやデータからなるソフトウェアで構成される。

2 ハードウェア

コンピュータはメモリに格納された命令を順番に取り出して制御，演算することで，データを処理する。

3 ソフトウェア

データを処理するために，動作の順序を示すなどの役目をもつものがソフトウェアである。ソフトウェアにはオペレーティングシステムに代表される基本ソフトウェアと，それぞれの仕事をこなすためのアプリケーションソフトウェアがある。

4 コンピュータにおける計算のしくみ

- 基本は足し算の組み合わせ　引き算，かけ算，割り算はすべて足し算の組み合わせに置き換えられる。
  → すべての論理演算の回路は，ANDゲート，ORゲート，NOTゲートの組み合わせで設計できる。

5 実物の回路

論理演算をおこなうための基本的な構成要素を論理素子という。論理素子はリレーから真空管，トランジスタへと進歩し，現在ではシリコン単結晶の上に100万以上の素子をつくり込んだVLSIが用いられている。

3 さまざまなデータをコンピュータで扱う

1 アナログとデジタル

コンピュータは0と1しか扱えないため，アナログ量を扱うには，2進法の数値に置き換えるデジタル化をおこなう必要がある。

2 文字を扱う

1字ごとに異なった数値を割り当てることにより，デジタル化する。

3 音を扱う

サンプリング周期にあわせてデータを取り出す位置を決める標本化，一定の目盛の何段階目にあたるかを決める量子化，量子化で定めた点を2進法の数値であらわす符号化の順でデジタル化する。

4 画像を扱う

- **色の表現**　コンピュータのディスプレイでは，さまざまな色を赤(R)・緑(G)・青(B)を組み合わせて表現している。それぞれの光の強さ(明るさ)が何段階あるかを階調といい，たとえば1つの色を8ビットであらわした場合には，256段階を表現できるので256階調という。赤・緑・青の階調の組み合わせの数が，あらわせる色の数となる。

- **画像のデジタル化**　コンピュータで扱う画像は，色のついたピクセルで構成されている。それぞれのピクセルの色は，R，G，Bの数値の組み合わせで表現される。画像は縦横に等間隔で画像を区切る標本化，各区画の色をRGBで表現する量子化，RGBの値を2進法の数値であらわす符号化を順番におこなうことでデジタル化される。

- **解像度**　1インチあたりのピクセル数で解像度をあらわす。単位はppi。

5 動画を扱う

連続した画像を短い時間間隔で表示すると，動画になる。

6 感覚のデジタル化

人間が感覚で知覚する対象もセンサによりデジタル化することができる。

7 デジタル化の利点

データがすべて数値なので計算処理ができる，さまざまなデータをコンピュータで扱える，大量のデータを蓄積して検索することができる，正確な比較が可能になる，データの劣化なく複製や伝送ができる，といった利点がある。

> **チェック**　次の各文が正しい場合には○，誤っている場合には×を答えなさい。　(⇨解答 p.42)

( )① コンピュータ内部では0と1であらわされる2進法が使われている。
( )② 1バイトとは，8ビットのことである。
( )③ コンピュータで引き算を実現するには，足し算とは異なる回路を必ず設計しなくてはならない。
( )④ 16進法の2桁の値で，2進法の8桁の値をあらわすことができる。
( )⑤ コンピュータは正確なので，誤差が生じることはまったくない。
( )⑥ コンピュータは，ハードウェアとソフトウェアから構成される。
( )⑦ コンピュータの機械や装置のことをソフトウェアとよぶ。
( )⑧ 論理素子として使われるものには，リレーや真空管，トランジスタなどがある。
( )⑨ アナログ量を数値化することをデジタル化という。
( )⑩ コンピュータで扱うことができる文字は，アルファベットだけである。
( )⑪ 人間の感覚はとても繊細なので，センサによって数値としてあらわすことはまったく不可能である。
( )⑫ データをデジタル化すると数値になるので，さまざまなデータをコンピュータで扱うことができる。

第3章

1 コンピュータと数

1 次の文の(1)〜(6)の空欄にあてはまる適切な語句を，後の語群から選んで書きなさい。

　私たちはふだん，0〜9を用いて値を表現する（　1　）を用いている。一方，コンピュータは0と1のみを用いて値をあらわす（　2　）を用いる。コンピュータが扱う情報は0か1かをあらわす情報の単位である（　3　）であらわされ，その（　3　）が8つ並ぶと（　4　）という単位でよばれる。長い2進法の表現は，人間にとって読み書きがしやすいように（　5　）であらわされることがあるが，これは0〜9の数字に加えて（　6　）を用いる。

語群　2進法　　8進法　　10進法　　12進法　　16進法　　A〜F
　　　10〜15　　バイト　　ビット列　　ビット　　メガ

(1)		(2)	
(3)		(4)	
(5)		(6)	

2 次の(1)〜(2)の問に答えなさい。

(1) 8ビットで表現できる0と1の組み合わせは何通りあるか，書きなさい。
(2) 16ビットで表現できる0と1の組み合わせは何通りあるか，書きなさい。

(1)		(2)	

3 次の文の(1)〜(5)の空欄にあてはまる適切な語句を，後の語群から選んで書きなさい。

　コンピュータでは，足し算と同じ回路で（　1　）も扱えるように（　2　）というしくみを用いる。このとき，0以上の数では（　3　）ビットを（　4　），負の数は（　3　）ビットを（　5　）とする。

語群　引き算　　割り算　　2の補数　　1の補数　　最上位　　最下位
　　　0　　1　　2

> **Memo**
> 1つの回路で加算と減算ができると，回路が簡単になるため，大きな利点となる。

(1)		(2)	
(3)		(4)	
(5)			

チェックの答　(p.41)　①○　②○　③×　④○　⑤×　⑥○　⑦×　⑧○　⑨○　⑩×　⑪×　⑫○

4 次の文の(1)～(4)の空欄にあてはまる適切な語句を，後の語群から選んで書きなさい。また，(1)と(2)の例として適切なものを，後の選択肢からすべて選んで記号を書きなさい。

　数値には，小数点以下で決まった数字の並びが無限に繰り返される（　1　）や小数点以下が無限に続き（　1　）にもならない（　2　）など，（　3　）の桁数では表現できないものもあるが，コンピュータは（　3　）の桁数で数を表現するので，これらを正確にあらわすことができない。そのため，計算結果に（　4　）が含まれる場合がある。

語群 有理数　　無理数　　有限　　無限　　循環小数　　誤差　　正解
　　　　無限小数

〔(1)と(2)の例の選択肢〕
ア　1/2　　イ　π　　ウ　0.33333…　　エ　$\sqrt{2}$　　オ　5!

(1)	例
(2)	例

(3)		(4)	

5 次の(1)～(8)の指示にしたがって，数値を変換しなさい。（負の値は考えない。）

(1) 10進法の $13_{(10)}$ を2進法になおしなさい。

(2) 2進法の $101_{(2)}$ を10進法になおしなさい。

(3) 2進法の $1011_{(2)}$ を10進法になおしなさい。

(4) 2進法の $1010_{(2)}$ を16進法になおしなさい。

(5) 2進法の $111010_{(2)}$ を16進法になおしなさい。

(6) 16進法の $C1_{(16)}$ を2進法になおしなさい。

(7) 10進法の $41_{(10)}$ を16進法になおしなさい。

(8) 16進法の $1A_{(16)}$ を10進法になおしなさい。

(1)		(2)		(2)		(10)
(3)	(10)	(4)				(16)
(5)	(16)	(6)				(2)
(7)	(16)	(8)				(10)

Memo

たとえば，27と書いただけでは10進法の値として解釈した場合と，16進法の値として解釈した場合では，値が異なる。そのため，何進法であらわした値なのかを明示する必要がある。

▶ヒント
(4)(5)(6) 2進法の4桁は，16進法ではぴったり1桁になるため，コンピュータの世界では16進法の値を用いると，たいへん便利である。

6 2の補数表現という条件で，次の計算をしなさい。

(1) $-14_{(10)}$ を5ビットの2進法になおしなさい。

(2) $-3_{(10)}$ を6ビットの2進法になおしなさい。

(1)		(2)		(2)	

コンピュータの働くしくみ

1 次の文の(1)〜(6)の空欄にあてはまる適切な語句を，後の語群から選んで書きなさい。

コンピュータは，機械や装置である（　1　）と，プログラムやデータからなる（　2　）で構成され，互いに連携して動作して目的を達成する。コンピュータは入力にしたがい，（　3　）に格納された（　4　）を順番に取り出して（　5　），（　6　）することで，データを処理して結果を出力する。

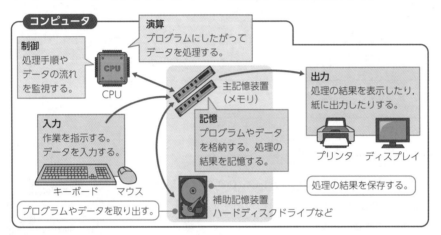

| 語群 | ソフトウェア　　ミドルウェア　　ハードウェア　　メモリ
キーボード　　命令　　画像　　制御　　記述　　演算 |

(1)		(2)	
(3)		(4)	
(5)		(6)	

2 次の文の(1)〜(4)の空欄にあてはまる適切な語句を，後の語群から選んで書きなさい。

1・0（真・偽）の値を用いておこなう演算を（　1　）といい，入力・出力の関係を（　2　）であらわす。（　1　）をおこなう回路を（　3　）といい，基本となる3つの（　4　）の組み合わせで設計できる。

| 語群 | 論理演算　　理論演算　　真理値表　　論理表　　論理回路
理論回路　　論理ゲート　　論理素子 |

(1)		(2)	
(3)		(4)	

> **Memo**
> 最近では，0と1の値を基本とせず，異なる原理で動く量子コンピュータなども研究されている。

3 次の文の(1)〜(5)の空欄にあてはまる適切な語句を，後の語群から選んで書きなさい。

　ソフトウェアには（　1　）に代表される（　2　）と，それぞれの仕事をこなすための（　3　）がある。（　1　）はソフトウェアとハードウェアの仲立ちをするプログラムである。ハードウェアにはさまざまな種類のものがあるので，（　3　）は（　1　）が提供する（　4　）を通じてハードウェアの操作を依頼し，（　1　）は（　5　）とよばれるプログラムでハードウェアを操作する。そのため（　3　）はすべての種類のハードウェアに対応する部分をつくる必要がなくなる。

語群	オペレーティングシステム　　アプリケーションソフトウェア
	基本ソフトウェア　　ゲーミング　　デバイスドライバ
	外部記憶　　デバイスセレクタ　　API　　PKI

(1)		(2)	
(3)		(4)	
(5)			

4 次の(1)〜(3)の論理ゲートの種類として適切なものを語群から選んで書きなさい。

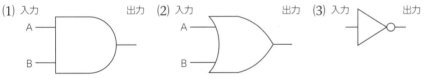

(1) 入力　A　B　出力　(2) 入力　A　B　出力　(3) 入力　出力

Memo

0と1の値と，3種類のゲートを用いることで，通常の数学で用いる10進法の四則演算と同じことを表現することができる。

語群	NANDゲート　　ANDゲート　　NOTゲート　　NORゲート
	ORゲート

(1)		(2)	
(3)			

実習問題

5 下の図は XOR ゲートの回路図で，右はそれに対応した真理値表である。真理値表の途中の値(1)，(2)に入る値を空欄に書きなさい。

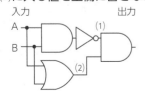

入力　A　B　出力

入力		途中の値		出力
A	B	(1)	(2)	
0	0			0
1	0			1
0	1			1
1	1			0

③ さまざまなデータをコンピュータで扱う

1 次の文の(1)〜(2)の空欄にあてはまる適切な語句を，後の語群から選んで書きなさい。

　気温や圧力など連続的に変化する量を（　1　）量という。これに対して，飛び飛びの量としてあらわされる量を（　2　）量という。

語群　デジタル　　アナログ　　コード

(1)		(2)	

2 次の(1)〜(3)の用語を説明した文章を選択肢から選んで，記号（A〜E）を書きなさい。

(1)文字コード表　　　(2)文字化け　　　(3)ユニコード

〔選択肢〕

A　世界中で用いられる多くの文字を含む文字コード。

B　コンピュータ上で文字を表すために文字に割り当てられた数値のこと。

C　文字コードを一覧表にしたもの。

D　文字コードが意図したものと異なっているためおかしな表示になること。

E　アルファベットと記号のみを含む文字コード。

(1)		(2)		(3)	

> **Memo**
> 日本語をあらわすための文字コードとしては，ユニコードのほかに ISO-2022-JP（いわゆる JIS コード），シフト JIS，EUC が過去には広く使われていたので，文字コードの取り違えによる問題がしばしば発生した。

3 教科書 p.94 表 1 の文字コード表にしたがって，(1)〜(4)の変換をしなさい。

(1) ABC を文字コードに変換する。　　　(2) and を文字コードに変換する。

(3) 0011 0010 0011 0000 0011 0010 0011 0000 を文字に変換する。

(4) 0100 1111 0100 1011 を文字に変換する。

(1)		(2)	
(3)		(4)	

実習問題

4 次の長さの音楽 CD のデータ量はおよそ何 MB になるか計算しなさい。ただし，標本化は 1 秒間に 44100 回，各標本は 16 ビットで量子化されているものとする。

(1) 15 分のステレオ音声　　　(2) 30 分のモノラル音声

(1)	約	MB	(2)	約	MB

> **▶ヒント**
> 1 バイト（1B）は 8 ビットである。

> **▶ヒント**
> モノラル音声は 1 チャンネルであるのに対して，ステレオ音声では左右の音声があり 2 チャンネルとなるので，モノラルの 2 倍の情報量となる。

5 次の画像のデータ量を計算しなさい。ただし，RGB各8ビットであらわされているとする。

(1)縦1インチ，横2インチで，解像度が10ppiのとき。

(2)縦1.5インチ，横1.5インチで，解像度が20ppiのとき。

(1)		バイト	(2)		キロバイト

6 次の文の(1)～(4)の空欄にあてはまる適切な語句を，後の語群から選んで書きなさい。

　動画で1秒あたりに表示される画像の枚数を（　1　）といい，単位は（　2　）を用いる。1つ1つの画像の変化を小さくし，同じ時間でより多くの画像を表示するほど，なめらかに動いて見えるようになるが，データ量が多くなる。広く使われている（　3　）形式では，フレーム全体を格納する（　4　）は数10～数100フレームに1枚とし，その間は前のフレームと異なる部分だけを保存するなどの工夫でデータ量を減らしている。

語群　メインフレーム　キーフレーム　フレームレート
JPEG　MPEG　fps　ppi

(1)		(2)	
(3)		(4)	

> **Memo**
> 普通の映画は1秒あたり24フレーム，テレビは1秒あたり30フレームである。アニメーションでは，同じ絵を3フレーム続けて表示することが多い。

7 次の文の(1)～(6)の空欄にあてはまる適切な語句を，後の語群から選んで書きなさい。

　（　1　）化をおこなうと，データがすべて数値なので，（　2　）で統一的に扱うことができ，計算処理がおこなえる。多くのデータを補助記憶装置やデータベースに蓄積し，必要なデータを（　3　）して利用することができる。主観に頼って判断していた事がらでも数値で（　4　）に比較できる。

　符号化により0と1に変換されたデータは修復が可能なため，（　5　）の影響を受けにくい。そのため何度もコピーや伝送を繰り返しても，データの劣化が（　6　）。

語群　アナログ　デジタル　コンピュータ　検索　削除
客観的　直感的　ノイズ　フレーム　多い　少ない

(1)		(2)	
(3)		(4)	
(5)		(6)	

第2節　モデル化とシミュレーション

教科書p.100〜105

1　モデルとモデル化

１　モデル

事物や現象の本質的な部分を強調し，余分な要素や条件などを取り去って単純化したものをモデルという。モデルをつくることをモデル化という。

➡モデルを使うことにより，扱いにくい実物のようすを調べやすくなる。

２　さまざまなモデル

実物の形に似せてつくった模型を実物モデルとよぶ。

➡モデルハウスのような実物大モデルのほかに，プラモデルのような縮尺モデルや，微生物の模型などの拡大モデルがある。

数式によるモデルを数理モデルとよぶ。

時間の要素を含むものを動的モデル，含まないものを静的モデルとよぶ。

確率を含むモデルを確率モデルという。

左は実物の列車，右はその模型である。実物と模型では，大きさや重量，素材，機能まで，ほとんどすべての点で異なるが，見た目の色や形状という点だけはよく再現できている。それが，この場合のモデルの目的となる。ほかのモデルでも同じように，目的に合わせて実物に似せる点を選択して作成することになる。

2 コンピュータとシミュレーション

1 シミュレーションとは

シミュレーションとは，モデル化したものを条件を設定してためしてみることである。模擬実験など。

2 日常生活でのシミュレーション

私たちは，日常生活において，さまざまなシミュレーションを利用している。

3 社会で使われるシミュレーション

災害予測の分野では，シミュレーションが盛んにおこなわれている。

例：実験装置を使用したシミュレーション

　　交通機関での混雑のシミュレーション

4 表計算ソフトウェアでシミュレーションする

数式を使ってモデル化された数理モデルは，表計算ソフトウェアを使ったシミュレーションで，データの変化を見ることができる。

例：返済のシミュレーション

第
3
章

チェック 次の各文が正しい場合には○，誤っている場合には×を答えなさい。　（⇨解答 p.50）

( )① モデルとは，現象を単純化することなく，そのままあらわしたものである。

( )② モデルは目的を整理し，構造を決定し，数式・図式化するという手順でつくるとつくりやすい。

( )③ 実物モデルとは，実物の形に似せてつくった模型のことである。

( )④ 実物モデルはつねに実物大であり，実物を縮小した縮尺モデルや，拡大した拡大モデルなどはない。

( )⑤ 数理モデルとは，数式によるモデルのことである。

( )⑥ 動的モデルと静的モデルの違いは，時間の要素が含まれているかどうかの違いである。

( )⑦ 動的モデルでかつ確率モデルであるようなモデルは存在しない。

( )⑧ シミュレーションとは，条件を設定してモデルを試してみることである。

( )⑨ シミュレーションはとても高度なことなので，私たちの日常生活では，シミュレーションを利用することはない。

( )⑩ シミュレーションはコンピュータ上でおこなうだけでなく，実験装置を用いることも多い。

( )⑪ シミュレーションで得られた結果は，どんなものでも信頼してよい。

( )⑫ 天気予報にはシミュレーションが利用されている。

1 モデルとモデル化

教科書 p.100〜101

1 次の文と図の⑴〜⑷の空欄にあてはまる適切な語句を，後の語群から選んで書きなさい。

　モデルとは，事物や現象の本質的な部分を強調し，余分な要素や条件などを取り去って（　1　）したものである。

　モデルをつくることをモデル化という。モデル化は，下の図のような手順でおこなうと，正確なモデル化がおこないやすい。

（　2　）	何についてのデータがほしいか整理する。
↓	
（　3　）	データに応じたモデル化の構造を決定する。
↓	
（　4　）	モデルを図や数式などで，わかりやすくあらわす。

語群　単純化　複雑化　目的　手段　構造　モデル化　数式・図式化

⑴		⑵	
⑶		⑷	

Memo
世の中の複雑な事象をプログラムとして扱うには，適切なモデル化がおこなわれていることが必要となる。

2 次の⑴〜⑸の用語を説明した文章を選択肢から選んで，記号（A〜G）を書きなさい。

⑴実物モデル
⑵数理モデル
⑶動的モデル
⑷静的モデル
⑸確率モデル

〔選択肢〕

A　時間の要素を含むモデル。
B　数式によるモデル。
C　確率を含むモデル。
D　抽象的な概念をあらわすモデル。
E　実物の形に似せてつくった模型。
F　デザインを重視してつくった模型。
G　時間の要素を含まないモデル。

⑴		⑵		⑶	
⑷		⑸			

Memo
モデル化は，さまざまな観点からおこなうことができる。そのため，ここであげたどれか1つのモデルにだけあてはまるというものではなく，たとえば，数理モデルでありなおかつ確率モデルであるような動的モデルも存在する。

チェックの答（p.49）　①×　②○　③○　④×　⑤○　⑥○　⑦×　⑧○　⑨×　⑩○　⑪×　⑫○

コンピュータとシミュレーション

1 次の文の(1)〜(3)の空欄にあてはまる適切な語句を，後の語群から選んで書きなさい。

　私たちは，日常生活において，さまざまな（　1　）を利用している。でかけるときに利用する，鉄道などの（　2　）検索も，地震や火災が起きた場合を想定した（　3　）も，（　1　）である。

語群 シミュレーション　　ネットワーク　　乗り換え　　駅
　　　　避難訓練　　運動会

(1)		(2)	
(3)			

実習問題

2 借りたお金の返済について，シミュレーションをおこなう。月ごとに一定の金額を返済する方式でお金を借りる場合について，表計算ソフトウェアでシミュレーションをおこなって，(1)〜(3)の問いに答えなさい。

(1)借りる額を 12 万円とし，年利 5 ％（単利）で毎月 1 万円ずつ返済していくと，12 箇月の支払いを終えたあとの残額はいくらとなっているか。

(2)借りる額を 20 万円とし，年利 10%（単利）で毎月 5000 円ずつ返していくと，全額返済するのに何年何箇月かかるか。

(3)借りる額が 50 万円で，年利 7 ％（単利）の場合，借りたお金をいつか完全に返済するためには，毎月最低いくらのお金を返済しなければならないか。

(1)		円	(2)		年		箇月
(3)		円					

ヒント
教科書 p.104〜105 のシミュレータを利用して計算することができる。

ヒント
借りたお金をいつか完全に返済するためには少なくともひと月に利子の額より多くのお金を返済しなければならない。

返済のシミュレーション

実習問題

3 次の(1)〜(3)の場合について，表計算ソフトウェアでシミュレーションをおこなって答えなさい。

(1) 15 万円を年利 15%（単利）で借りて，毎月 1 万 5 千円ずつ返済し，11 箇月で返済を終了した。このとき支払った利子の総額はいくらか。

(2) 12 万 3 千円（税込）の冷蔵庫を，年利 12%（単利），1 回の支払い 1 万 3 千円の 10 回の分割払いで購入した。10 回目の支払い金額は，いくらか。

(3) 200 万円の奨学金を借りた。毎月 2 万円ずつ返済すると，何箇月で返済が終了するか。ただし，年利は 3 ％（単利）とする。

(1)		円	(2)		円
(3)		箇月			

ヒント
(2) 10 回払いで契約すると，10 回ですべて支払い終えないといけないので，1 〜 9 回目の支払いは 1 万 3 千円となり，残りを 10 回目に支払うことになる。

第3節　プログラムと問題解決

教科書p.106〜115

1 アルゴリズム

1 アルゴリズムと具体化の手順

- **アルゴリズム**　有限の時間内に結果を出すことのできる手順をアルゴリズムという。
  - ➡アルゴリズムは，処理する順番や条件を，日本語などの自然文や，フローチャートなどの図を用いて表現する。
- **アルゴリズムの具体化**　アルゴリズムを，コンピュータが理解できるプログラミング言語などで記述し，コンピュータに実行させて結果を求める。
  - ➡問題を解決するためには，どのように解いていくのかを手順として明らかにする必要がある。

2 アルゴリズムの制御構造

アルゴリズムは，処理の流れを順次，選択，反復という3つの要素を組み合わせて表現する。この処理の流れの形を制御構造という。3つの要素をフローチャートで表現すると次のようになる。

- **順次**　フローチャートでは，とくに指示がなければ，上から順番に処理をおこなう。
- **選択**　条件により処理を選んで，枝分かれさせる構造のことを選択という。ひし形の中に条件を記述し，満たした場合（真）の分岐には「はい」を，満たさない場合（偽）の分岐には「いいえ」を書く。
- **反復**　繰り返しの構造を反復という。繰り返す処理をループ端の記号ではさんで記述する。反復の回数や条件は上のループ端記号の中に書く。反復にはあらかじめ決まった回数だけ反復するものと，指定した条件が満たされているあいだ反復するものがある。

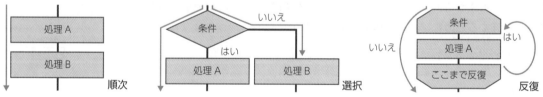

3 プログラムの作成

順次，選択，反復を組み合わせる。変数を用いて値を保持することができ，それに対して以下の演算子を用いることができる。

- **比較演算子**　2つの値の大小を比べる。例：A >= B
- **論理演算子**　たとえば And は「かつ」を意味し，Or は「または」を意味する。例：A And B
- **計算をおこなう演算子**

足し算	引き算	かけ算	割り算
＋	−	*（アスタリスク）	/（スラッシュ）

4 プログラムの工夫

- **サブルーチン**　よく使う機能をサブルーチンにしておくと，何度も同じことを書かなくてよく，また，機能を変更するときにはそこだけを書きかえればよいので便利である。
- **条件による反復**　while 文を使うと，反復の回数がわからない場合でも，ある条件を満たすまで反復するという書き方ができる。

2 アルゴリズムの工夫

■1 作業の効率とプログラム ⋯⋯⋯⋯⋯⋯⋯⋯⋯⋯⋯⋯⋯⋯⋯⋯⋯⋯⋯⋯⋯⋯⋯⋯⋯⋯

例として，素数を見つけ出すプログラムを考える。大きな素数を見つけることは，たいへん難しく時間がかかる。そこで，コンピュータを使ってなるべく時間をかけずに，多くの素数を見つけるにはどうすればよいかを考えて，作成の方針を立てる。

■2 定義に沿ったプログラムの作成 ⋯⋯⋯⋯⋯⋯⋯⋯⋯⋯⋯⋯⋯⋯⋯⋯⋯⋯⋯⋯⋯⋯⋯⋯

たとえば，素数の判定をおこなうサブルーチンの場合，
(1)判定対象の数を変数に入れる。
(2)判定のための変数に「素数である」と入れる。
(3)2から，（判定対象の数－1）までの自然数で判定対象を割っていく。
(4)割り切れたら判定のための変数に「素数でない」と入れる。
という順番にプログラムを作成する。

■3 異なったアルゴリズムのプログラム ⋯⋯⋯⋯⋯⋯⋯⋯⋯⋯⋯⋯⋯⋯⋯⋯⋯⋯⋯⋯⋯⋯

素数を見つけ出すプログラムの場合，素数の判定対象にならない数をあらかじめ取り除けば，高速化できる。
- **エラトステネスのふるい**　小さい素数から順番にその倍数を取り除いていくことで，結果的に素数だけを残す方法。

■4 データの扱いによる高速化 ⋯⋯⋯⋯⋯⋯⋯⋯⋯⋯⋯⋯⋯⋯⋯⋯⋯⋯⋯⋯⋯⋯⋯⋯⋯

プログラムで計算した結果をセルに出力するには時間がかかる。そのため，処理中は，セルに出力するよりも速度の速いメモリ上に計算結果をもっておくようにするなどの工夫をすることで，より高速にプログラムを実行できる。
- **配列**　同じ種類の変数を並べてひとまとまりにしたもの。
- **グローバル変数**　サブルーチンの外側で定義した変数。そうすることで複数のサブルーチンから同じ変数を操作・参照できるようになる。

■5 プログラムの効率 ⋯⋯⋯⋯⋯⋯⋯⋯⋯⋯⋯⋯⋯⋯⋯⋯⋯⋯⋯⋯⋯⋯⋯⋯⋯⋯⋯⋯⋯

アルゴリズムの異なる2つのプログラムに対して，配列を用いて実行時間を測定すると，エラトステネスのふるいを用いたプログラムのほうが圧倒的に速いことがわかる。

チェック 次の各文が正しい場合には○，誤っている場合には×を答えなさい。 （⇨解答 p.54）

( )① 処理する順番や条件を手順の形で記述したものがアルゴリズムである。
( )② アルゴリズムは正確に書かなくてはいけないので，日本語では記述できない。
( )③ アルゴリズムでは，処理の流れを順次，選択，反復という3つの要素を組み合わせて表現する。
( )④ 順次とは，フローチャートでは上から順に処理をおこなうことである。
( )⑤ 選択とは，条件により処理を選んで枝分かれさせることである。
( )⑥ 反復では，決まった回数だけ処理を繰り返すことしかできない。
( )⑦ 同じ問題を解くプログラムであれば，アルゴリズムによらず，処理の速度は同じである。
( )⑧ ときには，コンピュータの性能の違いよりも，アルゴリズムの違いによる処理の速度の差のほうが大きいことがある。
( )⑨ サブルーチンには，一度つくれば何度でも再利用できるなどの利点がある。
( )⑩ 変数に値が代入されると変数の中身は上書きされる。
( )⑪ 配列は同じ種類の変数を並べてひとまとまりにしたものである。
( )⑫ 素数の判定をおこなうエラトステネスのふるいのアルゴリズムは，対象とする数が増えても実行時間は変わらない。

1 アルゴリズム

教科書 p.106～111

1 次の文の(1)～(4)の空欄にあてはまる適切な語句を，後の語群から選んで書きなさい。

　問題を解決するときには，どう解いていくか手順を明らかにする必要がある。（　1　）時間内に結果を出すことができる手順を，（　2　）という。（　2　）は処理する順番や条件を，日本語などの文や，（　3　）などの図を用いて具体的に表現する。それをコンピュータが理解できる（　4　）などで記述し，実行して結果を得る。

語群　有限の　　無限の　　フローチャート　　アルゴリズム　　自然言語
　　　　　プログラミング言語

(1)		(2)	
(3)		(4)	

Memo
フローチャートは，プログラムの実行の流れ（フロー）を図にしてわかりやすくしたもので，人に説明をするときには便利だが，実際にプログラムを書くときにはあまり使われていない。

2 次の(1)～(6)の用語を説明した文章を選択肢から選んで，記号（A～J）を書きなさい。

(1)順次

(2)選択

(3)反復

(4)サブルーチン

(5)変数

(6)比較演算子

〔選択肢〕

A　処理する順番や条件を書いた図。

B　書かれている処理を上から順番におこなう構造。

C　処理を停止させる命令。

D　機能ごとに分けたプログラムのかたまり。

E　繰り返しの構造。

F　条件により，おこなう処理を選び，処理の流れを枝分かれさせる構造。

G　プログラムの実行中に変化する値を入れておくところ。

H　プログラムの実行中に変化しない値を入れておくところ。

I　計算式の中で計算をおこなうことを示す記号。

J　条件の中で値の大小関係を比較するための記号。

Memo
演算子とは，英語の「operator」の訳語であり，さまざまな演算をあらわす記号である。

(1)		(2)		(3)	
(4)		(5)		(6)	

チェックの答　(p.53)　①○　②×　③○　④○　⑤○　⑥×　⑦×　⑧○　⑨○　⑩○　⑪○　⑫×

3 右図は歩行者の信号指示で，「青ならば進行可　でなければ　止まれ」を意味するフローチャートである。図の中の(1)〜(3)にあてはまる適切な語句を，後の語群から選んで書きなさい。

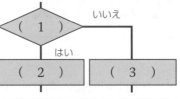

語群	信号が赤　　信号が青　　信号が赤でない　　信号が青でない
	進行可　　止まれ

(1)		(2)	
(3)			

4 フローチャートの中で使われる記号で以下の(1)〜(4)は何を示すものかを，後の語群から選んで書きなさい。

(1) (2) (3) (4)

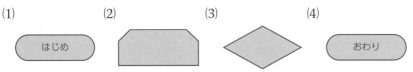

> **Memo**
> フローチャートに使われる記号は，多くのワードプロセッサで標準の図形の中に用意されている。

語群	プログラムの開始　　プログラムの中止　　プログラムの終了
	ループ端(始まり)　　条件　　ループ端(終わり)

(1)		(2)	
(3)		(4)	

5 次の文の(1)〜(4)の空欄にあてはまる適切な語句を，後の語群から選んで書きなさい。

さいころを振って出た目が6なら大吉，5か4なら中吉，それ以外は小吉と表示するフローチャートを書いてみよう。このように3つ以上に（　1　）する（　2　）の場合は，最初の（　2　）の「（　3　）」の処理にさらに（　2　）を置いて（　1　）を増やしていくようにする。このように（　2　）の中にさらに（　2　）をおくような構造を（　4　）構造という。

> **ヒント**
> 選択の中に選択を，反復の中に反復を，重ねて入れるように，制御構造の中にさらに制御構造が含まれるような状態を，入れ子構造という。

語群	選択　反復　はい　いいえ　枝分かれ　網目　階層
	入れ子

(1)		(2)	
(3)		(4)	

 **アルゴリズムの工夫**

1 次の文の(1)〜(4)の空欄にあてはまる適切な語句を，後の語群から選んで書きなさい。

素数は，大きな数における（ 1 ）の困難さを利用した暗号化など，多くの分野で用いられている。しかし，大きな素数を見つけることは，たいへん難しく時間がかかることから，コンピュータを用いて素数の発見がおこなわれている。

素数をさがすとき，素数の判定対象にならない数をあらかじめ取り除けば処理を（ 2 ）できる。小さい素数からその（ 3 ）を取り除いていくことで素数だけを残す方法を，（ 4 ）という。

Memo
ある数が素数であるかどうかを判定する方法を，素数判定法という。素数判定法として考案されたものは，ほかにもたくさんある。調べてみよう。

語群 積分　素因数分解　高速化　詳細化　約数　倍数
エラトステネスのふるい　ソクラテスのふるい

(1)		(2)	
(3)		(4)	

2 次の文の(1)〜(5)の空欄にあてはまる適切な語句を，後の語群から選んで書きなさい。

変数をプログラム上で便利に使うためのしくみとして，（ 1 ）や（ 2 ）が使われる。

（ 1 ）は同じ種類の変数を並べてひとまとまりにしたもので，（ 1 ）名と（ 3 ）（（ 4 ）に対して順番に振った番号）で（ 4 ）を指定し，データの入出力をおこなう。

通常の変数（配列を含む）は，（ 5 ）の外からは参照できない。そのため，いくつかの（ 5 ）で同じ変数を操作・参照する場合は，（ 5 ）の外側で変数を定義する。これを（ 2 ）という。

語群 表　配列　変数　行列　添字　係数　配列要素
ローカル変数　グローバル変数　プログラム　サブルーチン
アプリケーション

(1)		(2)	
(3)		(4)	
(5)			

3 次の素数判定のサブルーチンの(1)〜(6)の空欄にあてはまる適切な語句を，後の語群から選んで書きなさい。

```
Sub 素数判定()
    ht = Cells(1,1)
    hantei = " 素数である "
    For warukazu = （ 1 ） To （ 2 ）
        If ht （ 3 ） warukazu （ 4 ） Then
            hantei = " 素数でない "
        （ 5 ）
    （ 6 ） warukazu
    Cells(1,2) = hantei
End Sub
```

語群　0　　1　　2　　ht　　(ht − 1)　　(ht / 2)　　Add　　Mod　　Div
　　　　= 1　　= 0　　= ht　　Next　　End Loop　　End If　　End For

(1)		(2)	
(3)		(4)	
(5)		(6)	

4 次の文の(1)〜(4)の空欄にあてはまる適切な語句を，後の語群から選んで書きなさい。

　自然数 n が素数かどうかの判定をおこなうとき，定義に沿ったプログラムを書くと，2から（　1　）までの $n-2$ 個の自然数に対して n が割り切れるかどうかを判定することになる。2から10000までの素数を書き出そうと思うと，それを2から（　2　）に対しておこなう必要がある。

　（　3　）のアルゴリズムでは，2から10000までの数が素数かどうかを調べるために2から10000の数すべてに対して1つずつ素数判定をおこなうのではなく，素数の判定対象に（　4　）数をあらかじめ取り除いて，残りの数に対して素数判定をおこなう。素数の判定対象になるかどうかを，配列を用いて管理する。

語群　n　　$n-1$　　$n-2$　　9999　　10000　　なる　　ならない
　　　アルキメデスのふるい　　エラトステネスのふるい

(1)		(2)	
(3)		(4)	

章末問題

1 次の文の(1)〜(5)の空欄にあてはまる適切な語句を書きなさい。

　コンピュータは，ハードウェアとソフトウェアからなる。ソフトウェアは（　1　）に代表されるような基本ソフトウェアとアプリケーションソフトウェアに大別される。

　（　1　）はハードウェアとソフトウェアの仲立ちをするプログラムである。（　1　）はたとえば外部のハードウェアとの入出力を担当する。外部のハードウェアとして一般的なものとして，文字を入力するための（　2　），マウスなどの（　3　），印刷をおこなうための（　4　）などがある。これらのハードウェアとの具体的なやり取りでは，（　5　）を（　1　）がよびだすことによって，実際の入出力がおこなわれる。このようなしくみを使うことによって，どのような入出力機器があるかを意識しないでアプリケーションソフトウェアを作成することができるのである。

(1)		(2)		(3)	
(4)		(5)			

2 デジタル化に関連する次の問いに答えなさい。

(1)アナログ量をデジタル化すると，一般的に情報の一部が失われる。その理由を簡潔に説明しなさい。

(2)コンピュータのディスプレイでは色をどのようにあらわしているかを簡潔に説明しなさい。

(3)コンピュータで文字をどのようにあらわしているかを簡潔に説明しなさい。

(4)データをデジタル化する利点の1つとして，データを劣化させずに複製や伝送ができることがあげられる。デジタル化するとなぜデータの劣化が起きにくいのかを簡潔に説明しなさい。

実習問題

3 論理回路の基本となる 3 つの論理ゲート，AND ゲート，OR ゲート，NOT ゲートの機能は，すべて NAND ゲートのみを組み合わせてつくることができる。そのため，実際に論理回路を LSI などに実装するときには NAND ゲートのみを用いて論理回路をつくることも多くある。ここでは，NAND ゲートのみを使って AND ゲートと同じ働きをする論理回路を考えてみよう。

　以下の真理値表で，AND(x,y) は x と y の AND，NOT(x) は x の NOT，NAND(x,y) は x と y の NAND をあらわすものとする。

x	y	AND(x,y)	NAND(x,y)	NOT(NAND(x,y))	AND(NAND(x,y), NAND(x,y))	NAND(NAND(x,y), NAND(x,y))
0	0					
1	0					
0	1					
1	1					

(1)上の真理値表に，AND(x,y) の出力を書きなさい。

(2)上の真理値表に，NAND(x,y) の出力を書きなさい。

(3)上の真理値表に，NOT(NAND(x,y)) の出力を書きなさい。

(4)上の真理値表に，AND(NAND(x,y), NAND(x,y)) の出力を書きなさい。

(5)上の真理値表に，NAND(NAND(x,y), NAND(x,y)) の 出力を書きなさい。

(6) NAND ゲートのみを使って AND ゲートと同じ動きをする論理回路はこの真理値表のどれにあたるか，書きなさい。

(7) NAND ゲートのみを使って AND ゲートと同じ動きをする論理回路の回路図を書きなさい。

4 数値を5ビットの2の補数表現であらわしたとして，次の例のように計算をしてみよう。

例：$5 + 2 = 00101_{(2)} + 00010_{(2)} = 00111_{(2)} = 7$

(1) $10 + 2$

= | | =

(2) $5 - 1$

= | | =

(3) $2 - 6$

= | | =

(4) 2×3

= | | =

実習問題　アクティブ

5 さいころを繰り返し振ることを考える。10回，100回，1000回振ったとき，それぞれ1から6の目は何回ずつ出るだろうか。シミュレータを使って，試してみよう。このシミュレータでは，どの目が出る確率も同じになっている。それぞれの目が出た回数と，割合を表に記入しよう。

さいころの
シミュレーション

(1) 10回振ったときのシミュレーション結果

出た目	1	2	3	4	5	6
回数						
割合						

(2) 100回振ったときのシミュレーション結果

出た目	1	2	3	4	5	6
回数						
割合						

(3) 1000回振ったときのシミュレーション結果

出た目	1	2	3	4	5	6
回数						
割合						

(4) 振る回数が増えるにつれ，割合はどうなっただろうか。なぜそうなるか，話し合ってまとめてみよう。

実習問題

6 次に示した Python で記述された「連続素数判定」と「連続素数判定改」，「エラトステネスのふるい」の３つのプログラムを Google Colaboratory で実行して，10,000 までの素数を判定したときの実行時間の比較をしてみよう。さらに，プログラムを変更して 100,000 まで，1,000,000 まで判定できるようにして，実行時間を比較し，記入しよう。

Memo
「連続素数判定」「連続素数判定改」で 1,000,000 までを実行すると，数時間以上かかる場合がある。

Memo
「ファイル」から「ノートブックを新規作成」を選ぶと灰色の四角形の「コードセル」が出るので，そこへコードを入力し，⏵を押すとコードの実行がはじまる。コードの実行が終われば自動的に停止するが，実行を中断させたいときは，⏺を押す。

```python
import time

def 素数判定 (x):
  ht = x
  hantei = " 素数である "
  for warukazu in range(2, ht):
    if (ht % warukazu) == 0:
      hantei = " 素数でない "
  return hantei

# main routine
hajimari = time.time() # 始まりの時刻
for kazu in range(2, 10001):
  kekka = 素数判定 (kazu)
  if kekka == " 素数である ":
    print(kazu)
kakatta_time = time.time() - hajimari # かかった時間
print (" かかった時間 :{0}[ 秒 ]".format(kakatta_time))
```

▲プログラム 1　連続素数判定

```python
import time

def 素数判定 (x):
  ht = x
  hantei = " 素数である "
  for warukazu in range(2, ht):
    if (ht % warukazu) == 0:
      hantei = " 素数でない "
  return hantei

# main routine
hajimari = time.time() # 始まりの時刻
print("2") #は素数

for kazu in range(3, 10001, 2):
#3 から 10000+1 未満まで，1 つ飛ばしでループ
  kekka = 素数判定 (kazu)
  if kekka == " 素数である ":
    print(kazu)
kakatta_time = time.time() - hajimari # かかった時間
print (" かかった時間 :{0}[ 秒 ]".format(kakatta_time))
```

▲プログラム 2　連続素数判定改

```python
import time

MAXKAZU = 10000
hajimari = time.time() # 始まりの時刻

a = [" 素数である "] * (MAXKAZU + 1)
# 初期値 素数である の配列を MAXKAZU+1 個用意する

a[0]=" 素数でない "
a[1]=" 素数でない "

for i in range(2, MAXKAZU//2+1):
 for j in range(2, MAXKAZU//i+1):
   a[i*j]=0

for kazu, hantei in enumerate(a):
 if hantei == " 素数である ":
   print(kazu)

kakatta_time = time.time() - hajimari # かかった時間
print (" かかった時間 :{0}[ 秒 ]".format(kakatta_time))
```

◀プログラム 3　エラトステネスのふるい

	10,000 まで	100,000 まで	1,000,000 まで
連続素数判定	秒	秒	秒
連続素数判定改	秒	秒	秒
エラトステネスのふるい	秒	秒	秒

第3章

第1節　情報通信ネットワークのしくみ

教科書p.128〜141

1　情報を送受信するしくみ

1 情報通信ネットワーク

網目状の構造をネットワークとよび，情報を伝達するネットワークを情報通信ネットワークという。コンピュータを結んで情報をやり取りするネットワークをコンピュータネットワークとよぶ。

➡ブログや電子メール，SNSなどのさまざまなサービスがこれを通じて提供されている。

2 LANとWAN

- LAN　学校や会社など限定された範囲にあるコンピュータを結んだコンピュータネットワーク。
- WAN　LANどうしを相互に結んだもの。広域ネットワーク。
- インターネット　世界規模で結ばれた，WANの1つ。

3 接続の形態

- 個人がインターネットに接続するには，ISPとの契約が必要となる。
- ネットワークに接続する方法には，ケーブルを使った有線接続と，電波を使った無線接続がある。

4 IPアドレス

インターネットなどで接続されているコンピュータに振られた，固有の番号。これで送り先を指定する。

➡ IPv4のアドレスの残りが少なくなっているので，IPv6への移行が進んでいる。

5 パケットとヘッダのしくみ

コンピュータネットワークでは，データをパケットという単位に分割して送受信するパケット交換方式が使われている。データの送り先の情報は，ヘッダとよばれる部分についている。

6 プロトコルの働き

- プロトコル　ネットワーク接続に必要な情報のあらわし方や，やり取りの手順などの取り決め。
- TCP/IP　インターネットで用いられるプロトコル。IPとTCPというプロトコルを使うことからこうよぶ。

2　インターネット上のサービスのしくみ

1 クライアントとサーバ

- クライアントサーバ型　クライアントとサーバによる情報サービスの提供方式。
- ピアツーピア型　それぞれのコンピュータが対等の立場である情報サービスの提供方式。この場合，どのコンピュータもクライアントであり，なおかつサーバである。

2 ドメイン名とDNS

IPアドレスは数字の羅列であり，人間には覚えにくいため，ドメイン名をつけられるようになっている。DNSの機能によってドメイン名はIPアドレスに翻訳される。

3 Webのしくみ

Webではブラウザが，WebサーバからWebページを取りよせて表示する。

4 Webアプリケーション

Webアプリケーションのサーバが，ブラウザからの入力に応じて処理をおこない，結果をブラウザに

表示する。

5 情報検索のしくみ
検索サイトは，Web 上で情報をさがすときに使われている。

6 電子メールのしくみ
電子メールはいったん自分のメールサーバに保存されてから，相手のメールサーバに送信される。

7 情報の効率的な伝送方法
音や動画などの大きなデータを送るときはデータを圧縮して量を減らして送信する。
ネットワークでのデータの伝送ではさまざまな原因でエラーが発生するので，データの伝送をおこなったときにはエラー検出をおこない，エラーが起きたかどうかを確かめる。

3 情報セキュリティの方法

1 情報セキュリティの目的と重要性
学校や会社などの組織にとって価値のある情報を守るための対策をまとめたものを，情報セキュリティポリシーという。

2 組織における技術的な対策
セキュリティホールをふさぐために，OS やソフトウェアはアップデートするようにする。
インターネットとの間にファイアウォールを置き，情報セキュリティを保つ。
アクセスログを取り，監視機能を用いて，組織内のコンピュータの情報を収集・記録する。
組織内にマルウェアを持ち込まないように，ウイルスチェックをおこなう。

3 情報セキュリティを守る技術
- 情報セキュリティを守るためによく使われるのが暗号である。
- デジタル署名は公開鍵暗号方式などを用いて差出人が偽者でないことを保証するしくみで，サーバ証明書は公開鍵暗号方式を用いてサーバが偽物でないことを証明するしくみである。PKI は，公開鍵暗号方式とデジタル署名を使ってインターネット上で安全な通信ができるようにするしくみである。
- 個人認証は，データを利用する権利があるかどうかを確認するためのもので，さまざまな方法がある。
- 無線 LAN では，通信が傍受できないように暗号化してデータを送信する。

チェック 次の各文が正しい場合には○，誤っている場合には×を答えなさい。（⇨解答 p.64）

( ) ① 情報通信ネットワークとは情報を伝達するネットワークで，コンピュータだけでなく家電製品やセンサなどさまざまなものが接続されている。

( ) ② IP アドレスは，インターネットに接続されているすべての機器に振られている。

( ) ③ プロトコルとはネットワーク接続のときの取り決めなので，1 種類しかない。

( ) ④ DNS サーバは，ドメイン名を対応する IP アドレスに変換する。

( ) ⑤ Web ページは，かならず直接 HTML を記述しなければ作成することができない。

( ) ⑥ Web アプリケーションは，Web クライアント上で動作するソフトウェアと，Web サーバ上で動作するソフトウェアの連携により実現する。

( ) ⑦ 検索エンジンは，つねにインターネット上の情報を自動的に収集し，検索されたときに結果をすぐに表示できるようにしている。

( ) ⑧ 情報通信の途中でエラーが検出されたら，必ずデータを再送信してもらう必要がある。

( ) ⑨ セキュリティホールとは，不正アクセスされたときにできるものである。

( ) ⑩ 公開鍵暗号方式を用いるときには，まず公開鍵と秘密鍵を相手に送る必要がある。

( ) ⑪ デジタル署名は公開鍵暗号方式などを用いたもので，デジタルの世界での本人確認として使うことができる。

( ) ⑫ 個人認証の強度を高めるために，ユーザ ID とパスワードによる認証だけでなく，異なる複数の手段を組み合わせて用いる 2 段階認証という方法が使われる。

1 次の文の(1)〜(4)の空欄にあてはまる適切な語句を，後の語群から選んで書きなさい。

　情報の伝達を情報通信といい，鉄道・放送・電話など，（　1　）の構造を（　2　）という。情報を伝達するネットワークを（　3　）とよび，コンピュータや情報機器を結んで情報をやり取りするネットワークを（　4　）とよぶ。

語群　棒状　まだら状　ネットワーク　機器結合ネットワーク
コンピュータネットワーク　情報通信ネットワーク　網目状

(1)		(2)	
(3)		(4)	

2 次の文の(1)〜(4)の空欄にあてはまる適切な語句を，後の語群から選んで書きなさい。

　インターネットに接続するためには（　1　）とよばれるインターネット接続業者のサービスと契約し，機器を接続する必要がある。自分のコンピュータと（　1　）とを接続するためには，データ回線終端装置を使う。インターネット接続サービスには，一般的なアナログの回線を使って高速通信をおこなう（　2　）があったが，最近は光回線の（　3　），放送網の（　4　）が使われる。

語群　DNS　DSL　ISP　TCP/IP　CATV　LAN　FTTH

(1)		(2)	
(3)		(4)	

Memo
コンピュータ用語には，アルファベットの頭文字によって省略した形のものが多い。それぞれなにを省略したものなのか，確認しておこう。

3 次の(1)〜(4)の文が説明する語句を，後の語群から選んで書きなさい。

(1)会社や学校など限定された範囲にあるコンピュータを結んだネットワーク。
(2)(1)を相互に結んだネットワーク。
(3)アクセスポイントを用いてケーブルを使わずに構成したネットワーク。
(4)(3)の通信に使われる IEEE 802.11 という規格の一般的なよび名。

語群　LAN　GPS　WAN　ISP　DNS　無線LAN　Wi-Fi
CATV

(1)		(2)	
(3)		(4)	

4 次の文の(1)〜(4)の空欄にあてはまる適切な語句を，後の語群から選んで書きなさい。

　コンピュータの（　1　）の規格として古くから使われ普及している（　2　）では，アドレスの多くがすでに使われてしまい，残りが少なくなっているため，（　1　）を（　3　）ビットであらわす（　4　）の規格への移行が進められている。

語群　IP アドレス　　ドメイン　　ネットワーク　　IPv4　　IPv5　　IPv6
　　　64　　　128　　　256

(1)		(2)	
(3)		(4)	

5 次の文の(1)〜(4)の空欄にあてはまる適切な語句を，後の語群から選んで書きなさい。

　コンピュータネットワークでは，データを細かく分けて（　1　）とよばれる単位にして送受信する（　2　）が使われる。（　1　）には，送り先などの情報が（　3　）という部分につけられている。

　（　1　）の送り先は，IP アドレスで指定される。また，送り先のコンピュータまで（　1　）を送るために経路を決定する制御のことを，（　4　）という。

> **Memo**
> IP とは インターネットプロトコル（Internet Protocol）の省略形である。

語群　バゲッジ　　パケット　　パケット交換方式　　データ交換方式
　　　オーバーヘッド　　ヘッダ　　ルーティング　　パス決定

(1)		(2)	
(3)		(4)	

6 次のAからFの文を，インターネットでデータを送受信するときのプロトコルでおこなわれている順番に並べなさい。
A　パケットに送り先を示す送り先を付加する。
B　パケットのヘッダに示された順序にしたがってパケットを並べかえる。
C　データをパケットに分割し、順序を示す情報をヘッダとして付加する。
D　いらなくなった送り先情報をパケットから除去する。
E　デジタル信号をパケットに変換する。
F　パケットをデジタル信号に変換する。

データを送信するとき	→ 　　　　→
データを受信するとき	→ 　　　　→

第**4**章

2 インターネット上のサービスのしくみ

教科書 p.132～137

1 次の文の(1)～(6)の空欄にあてはまる適切な語句を，後の語群から選んで書きなさい。

インターネットが普及した大きな理由は，1991 年に開発された（　1　）である。これでは（　2　）が，Web サーバから Web ページを取りよせて表示する。このときのプロトコルには（　3　）が使われる。

Web ページには，ほかの Web ページや画像，音声データなどを参照するための情報が埋め込まれている。この情報を（　4　）といい，Web サーバの（　5　）名およびフォルダやファイルを指定する（　6　）が用いられる。

語群　ワールドワイドウェブ　ハイパーテキスト　メールソフト
　　　　ブラウザ　スーパーリンク　ハイパーリンク　ドメイン
　　　　デバイス　HTTP　TCP/IP　URL　HTML

(1)		(2)	
(3)		(4)	
(5)		(6)	

Memo
当初は研究用に開発された WWW は，現在では広く使われており，私たちの生活に欠かせないものとなっている。

2 コンピュータネットワークについて，次の(1)～(4)の用語を説明した文章を選択肢から選んで，記号（A～F）を書きなさい。

(1)サーバ

(2)クライアント

(3)ピアツーピア型

(4) DNS サーバ

〔選択肢〕

A　各コンピュータどうしが対等の立場でつながり，ファイルを共有してさまざまなサービスを利用し合う。

B　サービスを利用するためのコンピュータ。サービスの要求を送信し結果を受け取る。

C　サービスを提供するコンピュータ。要求を受け取ると要求された処理をおこない，結果を返す。

D　サービスの一覧を提供するコンピュータ。

E　ドメイン名を IP アドレスに翻訳するコンピュータ。

F　Web ページを提供するコンピュータ。

(1)		(2)		(3)		(4)	

Memo
クライアントサーバ型の代表的なサービスには WWW や電子メールがあり，ピアツーピア型の代表的なサービスには通話アプリやファイル交換ソフトウェアなどがある。

3 次の文の(1)〜(6)の空欄にあてはまる適切な語句を，後の語群から選んで書きなさい。

電子メールを作成したり読んだりするには，（　1　）を使う。作成したメールはメールサーバにより送受信がおこなわれる。メールサーバには（　2　）というメールの保管場所がある。電子メールの宛先であるメールアドレスは，そのメールサーバを使っているユーザ名とメールサーバをあらわす（　3　）名を「（　4　）」でつないだ形をしている。電子メールは，送信するときに（　5　）というプロトコルを使う。メールクライアントで電子メールを読むときは，（　6　）や IMAP というプロトコルを使う。

> **Memo**
> 電子メールを送信するときや，受信するときに利用するプロトコルについても，整理しておこう。

語群　ピアツーピア　　ドメイン　　@　　メールネットワーク　　／
　　　メールクライアント　　POP　　メールボックス　　TCP/IP
　　　SMTP　　HTTP

(1)		(2)	
(3)		(4)	
(5)		(6)	

4 次の(1)〜(4)の文が説明する語句を，後の語群から選んで書きなさい。

(1)伝送速度をあらわす単位。

(2)データを受信しながら再生する方式。

(3)複数のファイルをまとめて1つのファイルとすること。

(4)完全には元に戻せない圧縮のこと。

語群　bit　　bps　　HTTPS　　ダウンロード　　非可逆圧縮
　　　ストリーミング　　アップロード　　アーカイブ　　可逆圧縮

(1)		(2)	
(3)		(4)	

実習問題

5 次の(1)〜(4)のデータは，送信データ7ビットにパリティビットが1ビット付加された伝送結果である。もっとも右がパリティビットであり，送信側では8ビット中に含まれる1の数が偶数になるようにデータを作成している。このうちエラーが発生しているとわかるものに×を，そうでないものに〇をつけなさい。

(1) 0001111 0　　　(2) 1010100 1　　　(3) 0101101 1　　　(4) 0011001 0

(1)		(2)		(3)		(4)	

ヒント
受信側では，送信データを見ることはできず，受信データしか見ることができない。パリティビットを含んだ受信データを見て，1の奇数個になっていたらエラーが発生したと考える。

第4章

3 情報セキュリティの方法

1 次の文の(1)〜(4)の空欄にあてはまる適切な語句を，後の語群から選んで書きなさい。

　情報通信ネットワーク上の情報セキュリティで問題となりそうな欠陥のことを（　1　）といい，（　2　）やソフトウェアの不具合，（　3　）でも起こりうる。（　1　）がそのままだと，システム障害につながったり，（　4　）に利用されたりするなど，問題となることもある。

語群 ファイアウォール　　セキュリティホール　　ブラックホール
オペレーティングシステム　　クライアントサーバ
設計上のミス　　不正アクセス　　情報セキュリティポリシー

(1)		(2)	
(3)		(4)	

2 次の(1)〜(3)の文が説明する語句を，後の語群から選んで書きなさい。
(1)暗号化と復号で使う鍵が同じ方式。
(2)暗号化のための公開鍵と復号のための秘密鍵に別の鍵を使う方式。
(3)たとえば電子メールを送るとき，本人からのメールであることを公開鍵暗号方式などを用いて確認する方法。

語群 公開鍵暗号方式　　秘密鍵暗号方式　　共通鍵暗号方式　　可逆圧縮
デジタル署名　　2段階認証　　知識認証　　非可逆圧縮

(1)		(2)	
(3)			

3 次の文の(1)〜(4)の空欄にあてはまる適切な語句を，後の語群から選んで書きなさい。

　データを変換して，変換の規則を知らない人には意味がわからないようにしたものを（　1　），変換前のものを（　2　）という。（　2　）を（　1　）にすることを（　3　），（　1　）を（　2　）にすることを（　4　）という。

語群 データ文　　平文　　暗号文　　復号　　暗号化　　圧縮　　復元

(1)		(2)	
(3)		(4)	

4 次の(1)〜(4)の用語を説明した文章を選択肢から選んで，記号(A 〜 F)を書きなさい。

(1) WPA2　　(2)サーバ証明書　　(3) PKI　　(4) 2 段階認証

〔選択肢〕

A　無線 LAN で使われている情報セキュリティ技術。

B　個人認証をおこなうときに，ユーザ ID とパスワードを入力することに加えて別な認証コードの入力を求めるなどしてセキュリティを高めた方法。

C　メールの差出人が，ほんとうに署名した本人かどうかを確認する方法。

D　公開鍵暗号方式とデジタル署名を使って，インターネット上で安全な通信ができるようにするためのしくみ。

E　指紋認証や顔認証を用いて個人認証をする方法。

F　Web サーバが，ほんとうにそのサーバを運営している個人・企業のものであることを証明するもの。

(1)		(2)		(3)		(4)	

Memo

W P A は Wi-Fi Protected Access の省略形，PKI は公開鍵基盤(Public Key Infrastructure)の省略形である。

実習問題

5 教科書 p.140 の「やってみよう」にあるシーザー暗号を使って，次の(1)〜(4)の文字列を暗号化，または復号した結果を書きなさい。シフト数は，後ろにずらす文字数をあらわすものとする。

(1)きょうはとてもいいてんきです （シフト数 3 で暗号化）

(2)あしたもいいてんきになるでしょう （シフト数 5 で暗号化）

(3)すふがうそうかへほもなびた （シフト数 3 で復号）

(4)うなちやせやちなう （シフト数 5 で復号）

(1)	
(2)	
(3)	
(4)	

Memo

5では，文字は次のように 50 音順に並んでいるものとする。

あいうえおかきくけこさしすせそ…まみむめもやゆよらりるれろわをんあいうえおかき…

濁音は，次のように並んでいるものとする。

がぎぐげございじずぜぞだぢづでどばびぶべぼがぎぐげご…

半濁音は，次のように並んでいるものとする。

ぱぴぷぺぽぱぴぷぺぽぱぴぷ…

促音，拗音など小さい字は，次のように並んでいるものとする。

あいうえおっやゆよあいうえお…

6 次の文の(1)〜(2)の空欄にあてはまる適切な語句を，後の語群から選んで書きなさい。

　システム上でトラブルやセキュリティ上の問題が起こったときに，参照することで起きた出来事の詳細を調べたり，原因の手がかりを得たりするために，（　1　），どこから，どのような主体が，どのような操作を要求したかを記録したものを（　2　）という。

語群　アクセスログ　　監視機能　　ウイルスチェック　　なぜ　　いつ　　どのようにして

(1)		(2)	

第２節　情報システムとデータ管理

教科書p.142〜151

1　情報システム

1 情報システムとサービス

情報システムとは，コンピュータや情報端末，さまざまな計測機器などをつなぎ合わせた，個人や組織の活動に必要な情報の収集・蓄積・処理・伝達・利用にかかわるしくみである。

➡現代では，とても多くのデータが扱われているので，情報システムがたいせつな役割をはたしている。

2 生活をささえるシステム

身のまわりでは，POSシステム，電子商取引，電子決済，GPSやITSなどのシステムが使われている。

2　データベース

1 データの重要性

私たちは，電話番号やメールアドレス・写真・音楽・ゲームなどのデータを記録して管理している。また，コンビニエンスストアや図書館，金融機関などでもさまざまなデータの管理をおこなっている。

➡このようなデータを失うと，元に戻すことはとても難しい。

2 データベースとは

情報システムやサービスなどで使用するために，データをあらかじめ決めた形で蓄積し，さまざまな形で利用できるようにしたもののことをデータベースという。

3 自由記述のデータ

アンケートの自由記述欄に書かれたものや，SNS・ブログなどの自由で規則性がないように書き込まれたようなデータも，データベースを使って管理されている。

4 関係データモデル

リレーショナル(関係)データベースでは，表の形に構成されたデータに対して射影(フィールドを取り出す)，選択(レコードを取り出す)，結合(複数の表をまとめる)という操作をおこなうことで，データベースから必要なデータを取り出すことができる。

5 データを守る工夫

データベース管理システムには，データを蓄積したり取り出したりする機能以外に，データを破損や消失から守る機能が備わっている。

6 データの分散管理

複数に分かれて存在するデータベースを，１つのデータベース管理システムが管理し，全体として１つのデータベースのようにふるまうしくみを分散型データベースとよぶ。

➡データ処理の要求が分散されるため，通信負荷が軽減される。

7 アクセスの制御

ユーザとデータに応じて，アクセスを許可するかどうかの制御(アクセス制御)をおこなうために，アクセス権を設定する場合がある。

3 データの収集と整理

1 データの収集
データの形式の違いや特性を理解して収集，整理をおこなうことがたいせつである。

2 データの収集方法
データの収集にはさまざまな方法があることを理解しよう。

3 質的データと量的データ
- ●質的データ　分類や種類などの区別に意味のあるデータで，数値であったとしても四則演算することに意味がない。
- ●量的データ　数値であらわされ，四則演算などをおこなった結果に意味があるデータのこと。

4 さまざまな尺度水準
名義尺度と順序尺度，間隔尺度と比例尺度など，さまざまな尺度水準がある。

5 データの整理
- ●欠損値　値が不明であったり，収集されていない，入力されていないなどの場合のこと。
- ●外れ値　データの全体的傾向から大きく外れた値のこと。
- ●データクレンジング　重複したり誤って記述されたりしたデータをさがし出して取り除くことで，データの品質を高めること。

6 データの共有
複数の人が共同して作業するときには，情報を共有することがたいせつである。

7 オープンデータ
誰でも自由に利用できるように公開されているデータのこと。

第4章

チェック 次の各文が正しい場合には○，誤っている場合には×を答えなさい。　（⇨解答 p.72）

(　) ① 情報システムとは，コンピュータのみをつなぎ合わせてデータの処理をおこなうしくみのことである。

(　) ② 情報システムなどで利用するために，データをあらかじめ決めた形で蓄積し，さまざまな形で利用できるようにしたもののことをデータベースという。

(　) ③ リレーショナルデータベースでは，すべてのデータは1つの表に格納される。

(　) ④ 分散型データベースでは，データを複数のデータベースに分散して管理しているため，自分のほしい情報をさがすためにはそのデータが分散されたどのデータベースに保存されているかを知っていなければならない。

(　) ⑤ データベースをさまざまな障害から守るためにデータをバックアップするのは，データベース管理システムの機能の1つである。

(　) ⑥ インターネットを使えば大量のデータを収集することが可能であるが，信憑性のあるデータを集めることはできない。

(　) ⑦ 質的データと量的データでは，質的データの方が質がよい。

(　) ⑧ 尺度水準としては名義尺度，順序尺度，間隔尺度，比例尺度の4つがよく使われる。

(　) ⑨ データクレンジングとは，データの品質を高めるために欠損値に適当な値を入れたり外れ値を削除したりすることである。

(　) ⑩ 複数の人で情報を共有することにはさまざまな利点があるが，データの紛失や改竄，流出などを防ぐ工夫が必要である。

(　) ⑪ オープンデータとは，誰でも自由に利用できるように公開されているデータのことである。

(　) ⑫ CSV方式，JSON方式，XML方式は，どれも表形式のデータを表現することができる。

1 情報システム

教科書 p.142〜143

1 次の文の(1)〜(6)の空欄にあてはまる適切な語句を，後の語群から選んで書きなさい。

情報システムとは，（　1　）や情報端末，さまざまな計測機器などをつなぎ合わせた，個人や組織の活動に必要な情報の（　2　）・蓄積・処理・伝達・（　3　）にかかわるしくみである。情報システムは，私たちの生活に欠かせないさまざまなサービスの提供を可能にしている。

情報システムによって提供されるサービスには，（　4　）のオンラインシステムのような専用の情報通信ネットワークによって提供されるものや，（　5　）やネットオークションのように（　6　）を利用した情報通信ネットワークによって提供されているものがある。

情報が私たちの生活をささえる基盤として価値をもつ現代では，日々更新されるSNSへの投稿や，（　4　）の取引履歴，ネットショップで販売されている商品や売買の記録などのように，とても多くのデータが取り扱われている。

語群 コンピュータ　インターネット　人間　手紙　銀行
ネットショッピング　収集　廃棄　利用

(1)		(2)	
(3)		(4)	
(5)		(6)	

2 次の(1)〜(6)の文が説明するものを，後の語群から選んで書きなさい。

(1)複数の人工衛星から送られてくる信号を受信して，自分の位置を計算する。

(2)スマートフォンなどに代金の決済機能をもたせ，買い物をする。

(3)渋滞や事故の解消を目的としたシステムで，(1)を利用している。

(4)さまざまな災害発生時に送られ，早期の避難に役立てられている。

(5)リーダーで読むことができるコードで，縦横2方向に情報をもたせたものもある。

(6)代金の清算，販売情報の記録，在庫管理などをするシステムで，商品につけられた(5)を利用する。

> **Memo**
> こういったシステムは，わたしたちの，身近な生活の場面で利用されている。どんなところで使われているか，確認してみよう。

語群 POSシステム　GPS　電子決済　ITS　認証コード
緊急速報メール　バーコード

(1)		(2)	
(3)		(4)	
(5)		(6)	

2 データベース

1 次の文の(1)〜(4)の空欄にあてはまる適切な語句を，後の語群から選んで書きなさい。

　情報システムで利用されるデータをその特性に合わせた形式に整理し，データベースで管理・蓄積するしくみを（　1　）という。企業や官公庁などでは，すべてのデータを（　2　）の形で扱う（　3　）を採用した（　4　）が広く使われている。

語群 データモデル　　データタイプ　　リレーショナルデータモデル
　　　　リレーショナルデータベース　　DBMS　　表　　行　　列

(1)		(2)	
(3)		(4)	

2 次の文の(1)〜(4)の空欄にあてはまる適切な語句を，後の語群から選んで書きなさい。

　データベース管理システムでは，次のようなものを防いで，データを正しく維持するための機能を提供している。
・複数のプログラムによるデータの取り扱いの（　1　）
・機器の故障やソフトウェアの障害による（　2　）
・データを扱うプログラムの欠陥や人間の（　3　）
・悪意ある人物による（　4　）

語群 意図しない破壊　　意図的な破壊　　欠損　　中断　　競合
　　　　操作ミス

(1)		(2)	
(3)		(4)	

3 次の(1)〜(3)の用語に関係のある文章を選択肢から選んで，記号（A 〜 D）を書きなさい。

(1)ブロックチェーン　　　(2)アクセス権　　　(3)射影

〔選択肢〕

A　リレーショナルデータベースで，表からレコードを取り出すこと。
B　リレーショナルデータベースで，表からフィールドを取り出すこと。
C　中心となるサーバが存在せず，対等の立場のネットワーク参加者がそれぞれデータを保持するデータ管理方式のこと。
D　データに対してどのようなアクセスができるかを示すもの。

▶ヒント
リレーショナルデータベースでは，表の列のことをフィールドといい，行のことをレコードという。

(1)		(2)		(3)	

③ データの収集と整理

1 次の文の(1)〜(4)の空欄にあてはまる適切な語句を，後の語群から選んで書きなさい。

データを問題の発見や解決に活用するためには，まず必要なデータを（　1　）する必要がある。データを（　1　）する場合は，その情報源によって，さまざまな方法があることを理解しておくとよい。

（　2　）による情報収集では，すべての対象者におこなう（　3　）と，一部の対象者を選んでおこなう（　4　）がある。

語群 収集　アンケート　データベース　コンピュータ　全数調査　選別調査　標本調査

(1)		(2)	
(3)		(4)	

2 尺度についての次の文の(1)〜(4)の空欄にあてはまる適切な語句を，後の語群から選んで書きなさい。

性別や血液型のように，同じ値であるかどうかだけに意味がある尺度を（　1　）尺度，売上ランキングや満足度のように，値の順序に意味がある尺度を（　2　）尺度という。気温などのように，目盛が等間隔でその間隔に意味がある尺度を（　3　）尺度，売上金額などのように数値の比率にも意味がある尺度を（　4　）尺度という。

語群 名前　名義　順序　比較　間隔　数値　比例　質的

(1)		(2)	
(3)		(4)	

3 次の文の(1)〜(4)の空欄にあてはまる適切な語句を，後の語群から選んで書きなさい。

（　1　）は，収集したデータの中の不明な値や収集されていない値，または誤って入力されていない値のことをいう。たとえば，アンケート調査で回答者の（　2　）が答えていない質問の回答などが該当する。（　3　）は，データの（　4　）から大きく外れた値のことをいう。

語群 中央値　平均値　欠損値　最頻値　外れ値　全部　一部　全体的な傾向

(1)		(2)	
(3)		(4)	

4 次の文の(1)，(2)にあてはまる適切な語句を，後の語群から選んで書きなさい。
また，(3)の下線部の権利にはどのようなものがあるか，１つ書きなさい。

　会社や組織などでは，複数の人が共同して作業をするので，効率よく作業を
進めるために，情報を（　１　）することがたいせつになる。デジタル化された
データは，（　２　）によって複数の人で利用でき，問題の発見や解決に活用で
きる。しかし，多くの人で共有できるため，データの紛失や改竄，流出などを
防ぐ工夫や，(3)ほかの人がもつ権利を侵害しないように注意する必要がある。

語群　共有　　分散　　データベース　　ネットワーク

(1)		(2)	
(3)			

> **Memo**
> 人がもつ権利にはさま
> ざまなものがある。ど
> のような権利があるか，
> 考えてみよう。

5 次の(1)〜(6)の文が説明する語句を，後の語群から選んで書きなさい。
(1)データ形式がどんなソフトウェアでも扱いやすいこと。
(2)タグによってデータの意味に合わせた要素名を定義し記述するデータ形式。
(3)オープンデータでよく使われる，人間が読むためのデータ形式。
(4)データがコンマで区切られた値の列として表現されるデータ形式。
(5)データの中から，重複したり誤ったりしたデータを取り除くこと。
(6)数値で表され，四則演算をおこなった結果に意味のあるデータ。

語群　機械可読性　　PDF 形式　　CSV 形式　　XML 形式　　データ圧縮
　　　データクレンジング　　量的データ　　質的データ

(1)		(2)	
(3)		(4)	
(5)		(6)	

6 次の表のようなデータがある。このなかで外れ値および欠損値と考えられる
ものを，記号（ア〜コ）で答えなさい。

生徒番号	部活動	100m 走(秒)		アンケート回答	
20108	文芸	(ア)	15.1	(カ)	3
20119	テニス	(イ)	8.2	(キ)	1
20331	バスケットボール	(ウ)	18.3	(ク)	
20438	写真	(エ)	17.8	(ケ)	1
20721	野球	(オ)	15.3	(コ)	4

外れ値と考えられるデータ	
欠損値と考えられるデータ	

第3節　データの分析と活用

教科書p.152〜159

1 データの分析

1 分布による分析

- ●ヒストグラム　データの分布傾向やばらつきを調べるときに使う。
- ●相関関係と因果関係　一方が変化するともう一方も変化する傾向があることを相関関係があるという。因果関係は，どちらかが原因でどちらかが結果である関係。相関関係があっても，因果関係があるとはかぎらない。
- ●散布図　2つの量の関係を調べるときに使う。正の相関，負の相関，相関なしなどの特徴が見える。

2 統計による分析

- ●平均値と中央値　データの分布が左右対称でないような場合は，大きさの順に並べたときの中央の値である中央値を，平均値のかわりにデータの代表として用いることがある。
- ●最頻値　もっとも度数の多い区間の値。
- ●分散と標準偏差　データの散らばりの具合を示す値。小さいほど，データは平均値のまわりに集まる。

3 データマイニングとテキストマイニング

- ●データマイニング　大量のデータをもとにして，データの分類やデータ間の関係性，発生確率などを分析し，有益な情報を見つけ出すことをデータマイニングという。
- ●テキストマイニング　文章や単語といった文字列のデータを対象にしたデータマイニングを，テキストマイニングという。

2 データの活用

1 海外からの観光客について調べよう

- ●日本政府観光局などが公開しているオープンデータを用いると，海外からの観光客について調べることができる。
- ●SNS の投稿や口コミからデータを入手することもできる。
- ●結果をグラフ化するとわかりやすい。
- ●データの出所を確認しよう。転載されたものは間違いが含まれることがある。データを出している機関の Web サイトなどから，直接にデータを収集するようにしよう。
- ●データがいつのものかを確認しよう。古すぎるデータではないだろうか？
- ●公式のデータかどうかを確認しよう。省庁や自治体，公的な団体などの信頼できる機関が出したデータだろうか？
- ●参照するデータが，どういった性質のものなのかを確認しよう。たとえばアンケート調査であれば，調査の対象となったのは誰だろうか？ Web か電話か郵便か，どのような方法で実施されたものだろうか？質問文はどのようなものだっただろうか？

2 地域の観光資源を調べよう

アンケート調査をおこなうと，独自のデータを入手することができる。

アンケート結果は，表計算ソフトウェアやテキストマイニングツールなどを用いてまとめるとよい。

よく使う Excel の関数

▶ **SUM**

合計の関数。SUM(範囲)の形で使用し，指定された範囲の値の合計を計算する。

▶ **AVERAGE**

平均値の関数。AVERAGE(範囲)の形で使用し，指定された範囲の平均値を計算する。

▶ **MEDIAN**

中央値の関数。MEDIAN(範囲)の形で使用し，指定された範囲の中央値を計算する。

▶ **MODE**

最頻値の関数。MODE(範囲)の形で使用し，指定された範囲の最頻値を計算する。

▶ **VARP**

分散の関数。VARP(範囲)の形で使用し，指定された範囲の分散を計算する。

▶ **STDEVP**

標準偏差の関数。STDEVP(範囲)の形で使用し，指定された範囲の標準偏差を計算する。

▶ **COUNTIF**

条件に合致したセルの個数を数える関数。COUNTIF(範囲，条件)の形で使用する。条件にセルを指定すると，範囲の中からそのセルと同じ値をもつセルの数を数える。

▶ **COUNTIFS**

複数の条件に合致したセルの個数を数える関数。COUNTIFS(範囲 1，条件 1，範囲 2，条件 2 …)の形で使用する。条件 1 にセルを指定すると，範囲 1 の中からそのセルと同じ値をもつセルの数を数える。以下，範囲 2 についても同じとなる。

第4章

チェック 次の各文が正しい場合には○，誤っている場合には×を答えなさい。　(⇨解答 p.78)

( )① 数値データをグラフ化すると，データの傾向や特徴が読み取りやすくなる。

( )② データをいくつかの区間に分割して，それぞれの数または割合を面積であらわしたものが，ヒストグラムである。

( )③ 2つの量の関係を調べるには，散布図を用いるとよい。

( )④ 相関関係があるデータ間には，因果関係がある。

( )⑤ 2つの量の関係には，正の相関か負の相関のどちらかがある。

( )⑥ データの平均値と中央値は，いつも同じ値になる。

( )⑦ データの散らばりの具合を示すのが，最頻値である。

( )⑧ 分散や標準偏差が小さいほど，データは平均値のまわりに集中している。

( )⑨ 2つのデータで分散の値が同じなら，標準偏差の値も同じである。

( )⑩ テキストマイニングは，データマイニングの一種である。

1 データの分析

1 次の文の(1)〜(4)の空欄にあてはまる適切な語句を，後の語群から選んで書きなさい。

　データの分布傾向やばらつきを調べるには，データをいくつかの区間に分割して，それぞれの数または割合を面積であらわした（　1　）をつくって調べる。2つの量の関係を調べるには（　2　）を用いる。（　2　）であらわされるデータには，横軸の量が増えるにつれて縦軸の量も増える（　3　）相関，逆に横軸の量が増えるにつれて縦軸の量が減る（　4　）相関，どちらでもない相関なしという特徴があらわれる。

> **Memo**
> ふたつのデータの間に相関があっても，それが因果関係を示しているとはかぎらないことに注意しよう。

語群	数値　傾向　グループ　ヒストグラム　相関図　正の
	円グラフ　散布図　負の

(1)		(2)	
(3)		(4)	

2 次の文の(1)〜(4)の空欄にあてはまる適切な語句を，後の語群から選んで書きなさい。

　データの分布が左右対称でないような場合には，平均値が全体の傾向や特徴を適切にあらわさないことがある。そのような場合には，大きさの順に並べたときの（　1　）をそのデータの（　2　）として用いることがある。

　平均値が同じでもデータの（　3　）が異なる場合があり，（　3　）の具合を示す値として（　4　）と標準偏差がある。

語群	中央値　最大値　最小値　代表値　散らばり　大きさ
	分散　傾き

(1)		(2)	
(3)		(4)	

3 次の(1)〜(3)の用語を説明した文章を選択肢から選んで，記号(A〜D)を書きなさい。

(1)データマイニング　　(2)テキストマイニング　　(3)因果関係

〔選択肢〕

A　2つの量の間のどちらかが原因でどちらかが結果である関係。

B　2つの量の間でどちらかが主となりどちらかが従となる関係。

C　大量のデータを分類などして有益な情報を見つけ出すこと。

D　大量の文字データを分類などして有益な情報を見つけだすこと。

(1)		(2)		(3)	

データの活用

1 次の(1)〜(4)の用語を説明した文章を選択肢から選んで，記号（A 〜 G）を書きなさい。

(1)オープンデータ

(2)アンケート調査

(3)テキストマイニングツール

(4)順位回答

〔選択肢〕

A　自由記述の意見の傾向を調べるのに使うとよいもの。

B　たとえば折れ線グラフと棒グラフなど，複数のグラフを組み合わせて表示したグラフのこと。

C　国や地方公共団体の情報，各種統計データなど，誰でも自由に利用できるよう公開されているデータのこと。

D　自分で質問内容を決めて，クラス内などの身近な人に回答してもらうと独自のデータを得ることができる。

E　これを使うとインターネットから自動的に情報を収集することができる。

F　アンケート調査において，質問者が用意した選択肢から選んで回答するもの。

G　アンケート調査において，質問者が用意した選択肢に順位をつけて回答するもの。

(1)		(2)		(3)		(4)	

2 課題研究として，高校生に人気のあるマンガのタイトルを調べ，レポートを書くことにした。次の文の(1)，(2)にあてはまる適切な語句を，後の語群から選んで書きなさい。また，(3)の下線部のような方法では問題があるかないか，理由もつけて考えを書きなさい。

　アンケート調査票をつくって，クラスメートに配付して答えてもらうことを考えたが，これだと調査対象がすべて同じ（　1　）であり，また同じ（　2　）に住んでいるので，回答が偏りやすいと考えられ，不都合に思われた。そこで，(3)SNS のアンケート機能を使って，全国の高校生によびかけることにした。

語群	学年　　進路志望　　地域　　趣味　　校舎		
(1)		(2)	
(3)			

章末問題

教科書 p.128〜173

1 次の文の(1)〜(5)の空欄にあてはまる適切な語句を書きなさい。

　コンピュータを（　1　）に接続するためには，それぞれのコンピュータにIPアドレスが振られていなければならない。IPアドレスには（　2　）IPアドレスと（　3　）IPアドレスがある。（　2　）IPアドレスは（　1　）のどこからでも参照することのできるIPアドレスである。一方，（　3　）IPアドレスは，ある1つの（　4　）の中だけで有効なIPアドレスのことである。（　3　）IPアドレスしかもたないコンピュータが（　1　）に接続するためには，（　2　）IPアドレスをもつコンピュータを経由しなければならない。（　3　）IPアドレスは，古くからの規格である（　5　）では足りなくなったIPアドレスの数を補う目的で使用される。

(1)		(2)		(3)	
(4)		(5)			

2 画像や音のデータの伝送について，次の(1)〜(4)の問いに答えなさい。

(1)画像や音のデータを伝送するときには通常，圧縮をおこなうが，その理由を簡潔に書きなさい。

(2)可逆圧縮と非可逆圧縮の違いを簡潔に説明しなさい。

(3)動画のダウンロード再生とストリーミング再生の違いについて簡潔に説明しなさい。

(4)データを送受信するときには，エラーが発生することがある。そのエラーをどのように検出したらよいか，またエラーが検出されたときにはどのようにしたらよいか，書きなさい。

3 次の(1)～(5)の用語を，教科書で使われていることばを使って説明しなさい。

(1)セキュリティホール

(2)ファイアウォール

(3)公開鍵暗号方式

(4)個人認証

(5)デジタル署名

4 次の文の(1)～(6)の空欄にあてはまる適切な語句を書きなさい。

（　1　）とは，データをあとから利用が可能なような形式で保存できるようにしたものである。それを効率よく管理するために開発されたものが（　2　）である。現在，広く使われているのはリレーショナルデータモデルを利用した（　3　）である。（　3　）では，1つのデータを複数の（　4　）からなる（　5　）として構成する。ある条件を設定し，その条件に合致した（　5　）を取り出すことを（　6　）という。

(1)		(2)		(3)	
(4)		(5)		(6)	

5 次の手順にしたがって，自分たちの都道府県の最低賃金について分析してみよう。

(1)どのようにしてデータを収集するか考えてみよう。考えた方法を使ってデータを収集しよう。収集したデータは表計算ソフトウェアで保存しよう。

(2)収集したデータを使い，以下の値を計算して求めなさい。
　①全国の平均値と分散

　②全国の最高値と最低値と中央値

(3)自分の住む都道府県の状況が全国の中でどのくらいにあるのかは，どのようにしたらわかるだろうか。実際に確かめてみよう。

(4)各都道府県の最低賃金の違いについて考えるには，なにを調べればよいだろうか。

6 下の図は，パーソナルコンピュータ，プリンタ，スマートフォン，無線 LAN のアクセスポイントを LAN に接続し，さらにその LAN をインターネットに接続するために必要な機器を示したものである。自宅でインターネットを利用するためには，これらをどのように接続すればよいか，線で結んでみよう。有線接続は実線で，無線接続は破線で描くこと。

パーソナル
コンピュータ
（有線接続）

パーソナル
コンピュータ
（無線接続）

無線 LAN
ルータ

スマートフォン

プリンタ

スイッチ

ONU

光回線
（インターネットへ）

7 次の(1)～(2)について，(a)，(b)はどちらも同じデータから作成したグラフである。どちらが正しい状況を伝えていると考えられるだろうか。また，誤った印象を与えるのはどちらだろうか。理由も含めて，話し合ってみよう。

(1)(a)

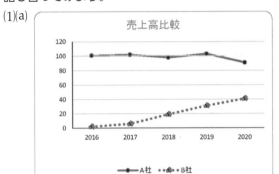

(b)

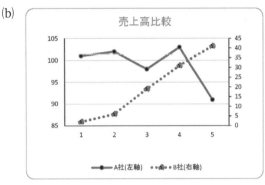

(2)(a)

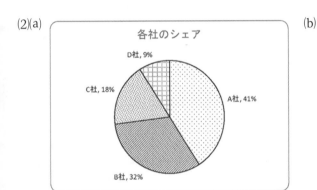

(b)

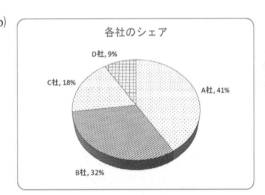

　アクティブ

8 右は，A社とB社の売上高のデータである。表計算ソフトウェアを使って，誤った印象を与える「詐欺グラフ」をつくってみよう。A社の勢いがよく見えるグラフ，B社の勢いがよく見えるグラフをそれぞれつくってみよう。

年	A社	B社
2010	3012	803
2011	2880	751
2012	2910	881
2013	3045	1206
2014	1408	1553
2015	1557	1881
2016	1698	2106
2017	1713	1998
2018	1808	2125
2019	2106	2023
2020	2238	2010

詐欺グラフ作成

総合問題A

1 次の文の(1)〜(8)の各問いについて，ア〜エの記号を書きなさい。

(1) IoT の事例として，もっとも適切なものはどれか，選びなさい。

ア　オークション会場と会員のコンピュータをインターネットで接続することによって，会員の自宅からでもオークションに参加できる。

イ　社内のサーバ上にあるグループウェアを外部の支社のサーバに移すことで，社員はインターネット経由でいつでもどこでも仕事ができる。

ウ　飲み薬の容器にセンサを埋め込むことによって，薬局がインターネット経由で服用履歴を管理し，服薬指導に役立てることができる。

エ　学校が授業映像を Web サイトで配信することによって，生徒はスマートフォンやコンピュータを使って，いつでもどこでも授業を受けることができる。

（令和元年度秋期 IT パスポート試験問題・改）

(2) 情報を縦横 2 次元の図形パターンに保存するコードはどれか，選びなさい。

ア　ASCII コード　　　　　　　　イ　G コード

ウ　JAN コード　　　　　　　　　エ　QR コード

（令和元年度秋期 IT パスポート試験問題・改）

(3) AI の活用事例として，もっとも適切なものはどれか，選びなさい。

ア　運転手が関与せずに，自動車の加速，操縦，制動のすべてをシステムがおこなう。

イ　会社の自分の席にいながら，会議室やトイレの空き状況が，リアルタイムでわかる。

ウ　本社に中央管理責任者をおかなくても，支社の各部署間でテレビ会議をし，合意できたら取り引きが承認される。

エ　自宅のコンピュータから事前に入力し，銀行窓口に行かなくても自動で振り込みができる。

（令和元年度秋期 IT パスポート試験問題・改）

(4) 著作権法における著作権に関する記述のうち，もっとも適切なものはどれか，選びなさい。

ア　偶然に内容が類似している 2 つの著作物が同時期につくられた場合，著作権は一方の著作者だけに認められる。

イ　著作権は，権利を取得するための申請や登録などの手続きが不要である。

ウ　著作権法の保護対象には，技術的思想も含まれる。

エ　著作物は，創作性に加え，それまでの著作物にない新規性も兼ね備える必要がある。

（令和元年度秋期 IT パスポート試験問題・改）

(5) 無線 LAN に関する記述のうち，もっとも適切なものはどれか，選びなさい。

ア　アクセスポイントの不正利用対策が必要である。

イ　暗号化の規格は WPA2 に限定されている。

ウ　端末とアクセスポイント間の距離に関係なくデータ通信できる。

エ　無線 LAN の規格は複数あるが，すべて相互に画像通信が可能である。

（令和元年度秋期 IT パスポート試験問題・改）

(6) 企業が内外に宣言する最上位の情報セキュリティポリシーに記載することとして，もっとも適切なものはどれか，選びなさい。

  ア　経営陣が情報セキュリティに取り組む姿勢　　イ　情報資産を守るための具体的で詳細な手順

  ウ　セキュリティ対策にかける予算　　エ　守る対象とする具体的な情報の種類

（令和元年度秋期 IT パスポート試験問題・改）

(7) デジタルデバイドの説明として，もっとも適切なものはどれか，選びなさい。

  ア　コンピュータなどの情報通信機器の利用方法がわからなかったり，情報通信機器を所有していなかったりして，情報の入手が困難な人びとのことである。

  イ　高齢者や障害者の情報通信の利用面での困難が，社会的または経済的格差につながらないようにするため，誰もが情報通信を利用できるように整備された環境のことである。

  ウ　情報通信機器やソフトウェア，情報サービスなどを，高齢者や障害者を含むすべての人びとが，どの程度活用できる状態になっているかを示す度合いのことである。

  エ　情報リテラシーの有無や情報通信技術の利用環境の有無によって生じる，社会的または経済的格差のことである。

（令和元年度秋期基本情報技術者試験問題・改）

(8) コンピュータが，Web サーバ，メールサーバ，他のコンピュータなどと通信を始める際に，通信相手の IP アドレスを問い合わせるしくみはどれか，選びなさい。

  ア　ARP（Address Resolution Protocol）

  イ　DHCP（Dynamic Host Configuration Protocol）

  ウ　DNS（Domain Name System）

  エ　NAT（Network Address Translation）

（令和元年度秋期情報セキュリティマネジメント試験問題・改）

(1)		(2)		(3)		(4)		(5)		(6)		(7)		(8)	

2 ある会社の公式 Web サイトを見ていたところ，右のグラフが表示された。このグラフから読み取れることは何か。もっとも適切なものを１つ選びなさい。

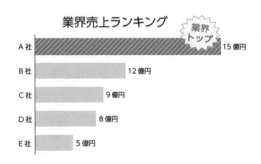

  ア　A社が，他社と比較した客観的データから，自社の将来性を強調しようとしている。

  イ　A社が，ほかの４社の数値を少なく見せて，圧倒的な売り上げであるような印象を与えようとしている。

  ウ　B社が，E社と協力して売り上げを合わせても，A社の売り上げには届かないことを示し，業界トップのA社を称賛している。

  エ　中立的な立場のリサーチ会社が，5社の比較を公平におこなっている。

（P プラス　デジタル・情報活用検定　ベーシックタイプ（ベネッセコーポレーション）・改）

総合問題B

1 以下の文章の空欄(1)～(10)にあてはまるもっとも適切な語を，解答群から１つずつ選び，ア～タの記号で答えなさい。ただし，同じ語を繰り返して使うことができない。

現代の日本は（　1　）とよばれている。（　1　）とは，情報通信技術の発展によって，人びとがやりとりする情報の量が飛躍的に増え，またその重要度が非常に大きくなった社会をさすことばである。とくに，全世界的なネットワークであるインターネットの普及は人びとの生活を大きく変えることになった。しかし，情報社会の到来によって，人びとの生活は光と影という２通りの影響を受けることにもなっている。

光の面について，とくに近年の状況を整理しよう。これまでは，PCやスマートフォンなど，利用者が能動的に操作をおこなうことでインターネットを利用する形態が主流であったが，自動車や家電製品，工作機械など，各種の機器がインターネットに接続される（　2　）とよばれるインターネットの利用形態が大きく広がってきた。この（　2　）によって，各国の産業は大きな変貌をとげるとされており，ほぼ同時期に実用化がいちじるしく進み，人間にかわって認知・推論・判断などの処理をおこなう（　3　）などと相まって，これら情報通信技術によって（　4　）が生じつつあるといわれている。（　4　）では，また，（　2　）機器によって収集された（　5　）とよばれる大規模なデータを利活用する（　6　）も重要な役割をはたすとされている。農業や漁業など，これまでは情報通信技術の恩恵を受けることが少なかった分野にも，（　4　）の影響はおよぶものとされている。

影の面については，情報の利活用を適切におこなうことができる人びととそうではない人びととのあいだの情報格差である（　7　）はいまだ解消されていない。他方で，情報通信技術を悪用した（　8　）もその数を増やしている。とくに，日本の若者についてみると，友人間の関係をより強固にしたり，あたらしい友人を見つけたり，同じ趣味をもつ人びととのグループに参加したりすることができる（　9　）にまつわるトラブルが多い。（　9　）上でのいじめや，友人に向けたはずの投稿が他の利用者も閲覧可能となっており，社会的に不利益をこうむることになったといったケースが報告されている。このような事態を防ぐために，教育機関では，（　10　）とよばれるルールを定めているところが多い。

〔解答群〕
ア．AI　　イ．BBS　　ウ．IoT　　エ．SNS　　オ．Society5.0　　カ．ゲーミフィケーション
キ．サイバー犯罪　　ク．ソーシャル・メディア・ガイドライン　　ケ．デジタルデバイド
コ．データサイエンス　　サ．ビッグデータ　　シ．個人情報保護規程　　ス．産業社会
セ．情報社会　　ソ．第三次産業革命　　タ．第四次産業革命

（和光大学・改）

(1)	(2)	(3)	(4)	(5)	(6)	(7)	(8)	(9)	(10)

2 以下の文章の空欄(1)～(4)にあてはまるもっとも適切な語を，それぞれの解答群から１つずつ選び，記号で答えなさい。

ある大学の情報を管理する３つの表からなるリレーショナルデータベースを考える。３つの表は表A，表B，表Cのとおりである。この大学は文学部，経済学部，情報学部，外国語学部，法学部，理工学部から構成され，キャンパスはP市，N市，T市に存在し，それぞれEキャンパス，Fキャンパス，G

キャンパスとよぶ。これら3つの表から表Xをつくるためには，（　1　）という操作をおこなう。また，表Yをつくるためには，（　2　）に対して（　3　）をおこなう。表A，表B，表Cの3つの表から，定員が100人の学科は（　4　）に存在するということがわかる。

表A

学部コード	学部名	キャンパス
101	人文学部	Eキャンパス
102	経済学部	Fキャンパス
103	情報学部	Eキャンパス
104	外国語学部	Eキャンパス
105	法学部	Gキャンパス
106	理工学部	Fキャンパス

表X

学科名
人文学科
英米文学科
経済学科
国際経済学科
情報学科
英語学科
フランス語学科
中国語学科
スペイン語学科
法律学科
政治学科
物理学科
機械工学科

表B

学部コード	学科名	定員
101	人文学科	300
101	英米文学科	300
102	経済学科	500
102	国際経済学科	450
103	情報学科	300
104	英語学科	200
104	フランス語学科	100
104	中国語学科	100
104	スペイン語学科	100
105	法律学科	750
105	政治学科	750
106	物理学科	100
106	機械工学科	150

表Y

学部コード	学部名	キャンパス	所在地
101	文学部	Eキャンパス	P市
103	情報学部	Eキャンパス	P市
104	外国語学部	Eキャンパス	P市

表C

キャンパス	所在地
Eキャンパス	P市
Fキャンパス	N市
Gキャンパス	T市

〔1の解答群〕
　ア．表Aに対して選択　　イ．表Aに対して射影　　ウ．表Bに対して選択
　エ．表Bに対して射影　　オ．表Cに対して選択　　カ．表Cに対して射影

〔2の解答群〕
　ア．表A　　イ．表B　　ウ．表C　　エ．表Aと表B　　オ．表Aと表C　　カ．表Bと表C

〔3の解答群〕
　ア．結合という操作　　イ．選択という操作　　ウ．射影という操作
　エ．結合と選択という2つの操作　　オ．結合と射影という2つの操作
　カ．選択と射影という2つの操作

〔4の解答群〕
　ア．P市のみ　　イ．N市のみ　　ウ．T市のみ　　エ．P市とN市　　オ．P市とT市
　カ．N市とT市　　キ．P市，N市，T市のすべて

総合問題

(1)		(2)		(3)		(4)	

3 次のフローチャートの説明を読み，フローチャートの(1)～(4)に入る適切な答えを解答群から選び，記号で答えなさい。

〈フローチャートの説明〉

●処理の内容

　7つの整数データ (8, 10, 12, 14, 16, 18, 20) が昇順に格納されている配列 a から，二分探索法により 12 をさがし，ディスプレイ上に「見つかりました」と表示する。

●処理条件

1．変数 start に 1，変数 end に 7 を入れる。

2．変数 center に探索範囲の中央の配列番号を代入する。

3．a (center) と 12 の判定をおこなう。

4．判定した結果，a (center) が 12 ならば「見つかりました」と表示し終了し，12 より小さければ変数 start に変数 center+1 を代入，12 より大きければ変数 end に変数 center-1 を代入し，処理条件の 2 からやり直す。

〈フローチャート〉

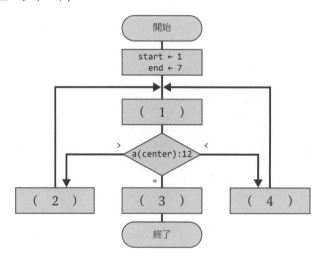

〔解答群〕

　ア．「見つかりました」と表示　　イ．start ← center + 1　　ウ．end ← center - 1

　エ．center ← (start + end) / 2　　オ．center ← (start + end) * 2

（徳山大学・改）

(1)		(2)		(3)		(4)	